녹차, 다산에게 묻다

녹차, 다산에게 묻다

초판 1쇄 인쇄일 2023년 12월 20일
초판 1쇄 발행일 2023년 12월 30일

지은이 최성빈 · 김은정
펴낸이 양옥매
디자인 송다희 표지혜
교 정 조준경
마케팅 송용호

펴낸곳 도서출판 책과나무
출판등록 제2012-000376
주소 서울특별시 마포구 방울내로 79 이노빌딩 302호
대표전화 02.372.1537 팩스 02.372.1538
이메일 booknamu2007@naver.com
홈페이지 www.booknamu.com
ISBN 979-11-6752-406-5 (03150)

녹차, 다산에게 묻다

緑茶, 茶山

최성민 · 김은정 ｜ 지음

책과나무

커피식민주의 · 보이차사대주의에 밀려나 있는
한국 전통제다와 차문화, 그 본원적 돌파구를 찾다

왜 차를 마시며, 어떤 차를 마셔야 할까? 이 물음의 답에 직결되는 것이 제다(製茶)이다. 제다는 차를 만드는 일이어서 차학, 차문화, 차산업의 핵심 주제이다. 좋은 차가 있어야 수준 높은 차생활과 차문화가 영위될 수 있고 차소비가 확대된다. 좋은 차는 제다에서 결정된다.

우리는 20년 이상 산절로야생다원을 바탕으로 '전통차문화 복원운동'을 해 오면서 전통제다의 중요성을 인식하고 연구와 실습을 통해 녹차 제다에 일관한 다산의 구증구포 단차 및 삼증삼쇄 연고녹차 제다가 한국의 진정한 전통제다임을 확인하였다. 제다논리에 깃든 기학(氣學)적 원리나 제다의 결과물인 차의 향 · 색 · 맛에 있어서 다른 제다법과의 비교를 불허할 정도였다. 또 일견 '초의제다법'으로 알려진 덖음제다법은 초의 자신의 말에 따르면 그가 명나라 장원의 『다록』 요점을 옮긴 『만보전서』의 '다경채요'에 나온 해당 부분을 『다신전』과 『동다송』에 다시 옮겨 적은 것이어서 한국 고유의 전통제다법이라고 할 수 없다고 판단했다.

문화재청은 2022년 '무형문화재(전통제다) 전승공동체활성화 지원사업' 공모를 실시하였다. 이는 20여 년 동안 다산이 지냈던 강진 다산과 같은 100% 순수 야생다원인 산절로야생다원을 복원하여 전통 차문화 복원운동을 벌이고 있는 산절로야생다원과 (사)남도정통제다·다도보존연구소로서는 참으로 반갑고 고무되는 일이었다. 이에 곡성군과 전라남도의 공동지원이 더해져 일차년도 지원대상으로 선정되었다.

이렇게 하여 2023년 봄부터 한국 최대 순수 전통 야생다원인 산절로야생다원을 물적 기반으로 하여 다산이 남긴 차별성 있고 탁월한 녹차 제다법인 구증구포 단차 및 삼증삼쇄 차떡 증배제다법을 더욱 연구하여 오늘에 재현시키는 작업을 하고, 그 결과를 토대로 전국의 수제차 농가와 전문 차인들 및 각 대학 차학과 학생들 대상으로 강의·실습체험 프로그램을 운영하여 진정한 전통제다와 한국수양다도라는 정체성 있는 전통차문화를 복원·홍보·대중화하는 '전통차문화 복원운동'을 확대하고 있다. 이 책은 이 운동의 일환으로 필자와 (사)남도정통제다·다도보존연구소가 다산 제다를 중심으로 한 한국 전통제다 및 이에 기반한 한국 전통차문화의 정체성과 구현 방향을 모색한 연구논문들을 실은 것이다.

전통의 전승은 혼류(混流)를 '다양성'이라는 이름으로 포장한 잡류(雜流)의 계승이 아니라 진정한 가치가 있는 정통(正統)의 이어 내려 주고 받기라고 생각한다. 우리는 그동안 강진 차문화학술대회 주제 발표와 저술『한국 차의 진실』을 통해 한국의 전통제다와 전통차문화의 정통은 다산 정약용이 강진 다산에서 창의적 실천을 통해 정립시킨 다산제다와 다산차임을 여러 실증적 근거를 들어 설명하고, 남도의 일부 제다모임체나 다산차의 맥을 잇고 있다고 주장하는 '전통제다'사업체에 이를 재현하도록 설득해 보았다.

　그러나 그들은 초의식 덖음제다를 주로 하고 다산차와 거리가 먼 산화 떡차를 만들기도 한다. 다산차의 맥을 잇고 있다고 강변하면서 다산의 구증구포 및 삼증삼쇄 제다와 다산차의 정통적 의미를 왜곡·부정하는 주장과 함께 다산차나 다산제다법과 퍽 다른, 전통의 올바른 전승보다는 상업성 차 제다와 차관광업에 몰입하고, 대중적 차행사도 전통차문화의 본질과 거리 먼 외양적 물량 위주의 소모성 이벤트에 집중하고 있다.

　이에 우리는 전통의 정체성과 정통성을 지켜 내서 진정한 전승을 기하는 일은 생업 삼아 제다하는 차상업주의나 차관광업체에 맡겨서는 안 되겠다고 생각했다. 그리하여 전통차문화 복원운동을 하는 우리가 직접 전통제다의 정통인 다산제다와 다산차를 실현해 보여 주기로 했다. 우리와 연구소 동료들의 결의를 다지자는 의미에서 다산차 관련 두 종목('산절로 다산차병' 및 '구증구포 다산단차')의 상표등록도 하였다. 우리의 전통차문화 복원운동은 전통차문화의 본질을 이해하는 대중과 차인들의 바람과 지지가 있는 한 현장강의와 실습체험 및 이런 유인물 간행 등의 형태로 계속될 것이다.

이 책 마지막장(Ⅵ 한국 차학과 차문화 혁신을 위한 비판과 제언)은 현재 남도 차산지 대학(대학원) 차 관련 학과 일부 교수 또는 차학자들이 사익추구를 위해 지자체 예산 또는 차 관련 국·도비 지원사업 예산을 끌어내 특정 민간 차사업체와 결탁하여 '학술위장' 행사를 벌이거나, '교수' 또는 차명망가라는 위세를 앞세워 각종 차 행사나 공공예산 지원의 차사업을 개인의 명리추구 수단화함으로써 그동안 한국 전통차문화를 왜곡, 후퇴시키고 전통차(녹차)의 본질을 말살하여 이 땅을 보이차사대국과 커피식민지로 전락시키는 데 기여하고 있는 행태를 고발하는 것이다.

2023년 가을
지리산 자락 섬진강변 산절로야생다원에서
최성민
김은정

녹차, 다산에게 묻다!

다산(茶山)은 전남 강진군 도암면에 있는 만덕산 아랫녘 '다산
초당' 주변 산 이름이자 다산 정약용(丁若鏞, 1762~1836) 선생의

호이다. 다산 선생은 유배 초기 강진읍내 사의재와 고성사의 보은산방, 제자 이청의 집 등을 전전하다가 47세이던 1808년 봄에 외척인 윤단(尹傳, 1744~1821)의 산정(山亭)인 만덕산 아래 귤동의 초당으로 거처를 옮겼다. 선생은 유배기간 18년(1801~1818) 중 해배시까지 11년(1808~1818)을 이 초당에서 보냈다. 초당 주변엔 동백숲과 차나무가 많아서 '다산(茶山)'이라 불렸고, 차를 좋아한 선생은 다산의 우거진 야생다원에서 직접 찻잎을 따서 제다하면서 자신의 호를 '다산'이라 한 것으로 보인다.

나는 해마다 이른 봄 춘의(春意)의 봄기운을 타고 제다를 시작하는 첫날 새벽, 야기(夜氣)를 틈타 다신(茶神)이 녹향으로 피어오르는 갓 지은 해차 한 잔을 다산 선생께 올린 후 음복(飮福) 끽다(喫茶)하면서 수양다도 명상 속에 선생을 뵙는다. 이 일이 여러 해 거듭되면서 선생의 귀중한 차훈(茶訓)의 핵심들이 귓가에 쌓였는데 주요 내용들은 아래와 같다.

1. 선생님께서 차에 관심을 갖고 차생활을 하시게 된 계기가 어떤 것인지요?

▶ 일찍이 당나라 육우 선생이 『다경』에 차에 관한 지식을 많이 써 놓았네. 또 조선에 들어와 우리 차문화가 기록다운 기록

을 남기며 학문적으로 꽃을 피웠는데, 한재(寒齋) 이목(李穆) 선생이 『다부』에서 '오심지차(吾心之茶)'라는 말로써 세계 최초로 수양다도의 뜻을 밝히셨고, 이운해 선생의 『부풍향차보』와 이덕리 선생의 『(동)다기』에 생배법과 증배법 등 선현들이 일구어 낸 독창적인 제다법들이 적혀있다네. 나는 선현들의 이런 업적을 살피고 집대성하여 구증구포 단차와 삼증삼쇄 차떡 제다를 생각해 내게 되었다네. 또 나보다 조금 늦게 난 혜강 최한기 후학은 기학을 담론하면서 '신기통(神氣通)'이라는 말로 우주 자연의 만물이 서로 통하고 연결되는 조화롭고 아름다운 원리를 설파했는데, 나의 제다 및 다도수양의 원리와도 맥락이 닿는다네.

2. 강진 만덕산 초당에 드시어 호를 다산이라 하시고, 손수 구증구포 제다를 하시어 홀로 외로이 귀양살이의 한을 차로 삭이시면서, 누구보다 민생과 나라의 앞날을 걱정하시어 부단의 학문 연구 및 불후의 명작 『주역사전(周易四箋)』 편찬 등 기록적인 저술 활동을 하셨습니다. 선생님과 저희에게 차는 무엇인지요?

▶ 야생 차나무가 우거진 만덕산은 그야말로 내가 꿈에 그리던 다산이었네. 차를 하는 이들은 대밭 곁을 지나다가도 혹시 차나무가 있는지 들여다보지 않던가.

차를 마시면 흥(興)하고 술을 마시면 망(忘)한다는 말이 있네. 비록 외세에 의존한 통일이었지만 신라의 삼국통일 과정에서 눈에 띄는 것은 백제나 고구려와 달리 화랑이라는 통일 주도세력이 있었고, 화랑은 명산대천에서 웅혼한 자연의 기운을 심신연마 질료로서 얻고자 그 매체로서 차를 마시며 수양다도를 실천했다는 점이네.

차는 심신을 깨우고 술은 심신을 몽롱하게 하네. 차에는 다신이 들어 있어서 우리를 우주 만물과 이어 주고 하나되게 한다네. 술에는 주신이 들어 있어서 마음의 겉옷을 잠시 내리게 하여 우리의 알몸을 언뜻 되돌아보게 하는 마력이 있지. 나는 귀양살이로 허약해진 심신을 북돋우고자 애써 차를 벗하였네. 차를 마시면 신체에 활력이 돋고 더불어 정신이 맑아지며, 나의 존재와 자연의 이치를 여실하게 들여다볼 수 있게 하고 자연의 섭리에 나를 순응하도록 인도하는 힘이 있네. 그렇게 하는 차의 공능(功能)인 다신을 후인들은 차의 성분에 따른 효능이라 할 테지.

술이나 후대들이 마시는 커피·보이차처럼 말초감각을 자극하는 음료를 마셔서 얻게 되는 찰나적 행복감보다는, 조상들이 누려 온 전통 녹차를 마셔서 신토불이 원리에 따라 자연의 섭리 및 그 안에 있는 자신의 존재 의의를 깨닫게 됨으로써 깊고 길게 얻게 되는 참 즐거움이 진정한 행복감이 아니겠는가. 그래서 차, 특히 녹차는 단순한 기호음료가 아니라 심신건강 수양음료라 하는 게 마땅하네만….

3. 구증구포, 삼증삼쇄 제다를 한 원리와 목적이 무엇인지요?

▶ 우리가 녹차를 마시는 일은 자연의 진수(眞髓)를 심신에 이입시키는 일일진대, 세상 만물은 자연이 내고 기르고 살리고 거두는 것일세. 인간의 탐욕이 들어 있는 인위(人爲)는 자연물인 인간이 여느 동식물과 달리 꾀를 부리는 일이어서 자연을 거스르고 자연의 균형을 깨뜨리는 수가 있다네. 후대에 있을 기후위기, 일본의 방사능오염수 방출 등속이 그것일세.

차에는 자연의 기운과 섭리가 농축된 '다신'이 들어 있어서 차를 마시면 다신이 우리 심신의 기운을 자연의 기운과 하나되게 연결하여 자연합일의 성시에 이르게 된다네. 그 경지에서는 인간의 잔꾀 부림이 부질없음을 깨닫게 되네. 따라서 제다에서는 생찻잎에 들어 있는 다신을 최대한 보전하여 완제되는 녹차에 담기도록 하는 게 중요하네. 그러기 위한 최선의 제다법이 구증구포와 삼증삼쇄일세.

제다사의 흐름을 제대로 읽는 게 중요하네. 제다에서 결정되는 차의 형태는 '떡차 → 단차(잎차나 가루차의 뭉침 형태)·가루차(연고차) → 잎차(散茶)'로 추이(推移)해 왔다네. 또 차의 종류는 '녹차 → 산화차 → 산화차·발효차'로…. 여기서 유의할 것은 잎차와 산화차의 등장은 사람들의 인문적 감각보다는 기능적 편의주의가 득세한 명말·청초 무렵인데, 산화차의 등장으로 사람들의 편의주의적 사고방식에 따라 차에 대한 인식이 "기호식품"으로 폄하되었고, 더불어 '다도'도 수양론적 인식보다는 '행다 형식'의 차원으로 낮춰져 버렸다네. 나는 이를 안타까이 여겨서 차와 다도의 본질 및 정체성을 되살리고 구현할 구증구포 단차와 삼증삼쇄 연고녹차 제다를 고수한 것이라네.

구증구포라는 말은 내가 지은 차시에서 '구전환단(九轉還丹)'이라는 내단 용어를 차용한 표현인데, 여러 번 갈고닦아 본질을 찾는다는 의미라네. 찻잎을 여러 번 증기에 쐬고 말려서 완제된 차에 녹차로서의 본질과 정체성인 다신을 잘 보전해 내는 일이라네. 비교적 큰 잎은 구증구포 단차(團茶)를 만들고, 내가 1830년 강진 이시헌에게 서신으로 전한 바와 같이 우전의 여린 잎은 삼증삼쇄 연고녹차를 만든다네.

두 가지 모두에 찻잎을 증청(蒸靑)하여 말리는 과정이 있으니 '찻잎을 쪄서 찧어' 떡차(餠茶)를 만드는 방법과는 다르다네. 또 내가 시헌에게 준 편지에서는 일관되게 '차병(茶餠, 차떡)'이라는 말을 썼네. 즉, 병차(떡차)와 차병(차떡)은 제다법도 다르고 차의 종류와 형태도 다르다네. 후대인들은 다산차를 계승한다고 하면서도 당대(唐代) 병차와 내가 이시헌에게 쓴 편지에서 제다 지시한 차병을 구별하지 못하게 되지나 않을지 심히 걱정되는군.

단번에 끝내지 않고 찻잎을 잠깐씩 증기 쐬고 말리고를 여러 번 하는 이유는 너무 뜨거운 열 기운에 여린 찻잎이 물러지지 않으면서도 모든 찻잎이 세세히 정갈하게 살청되도록 하는 걸세. 찻잎에 다신이 녹향(綠香)의 모습으로 들어 있는데, 너무 뜨거운 열기를 쐬면 녹향이 일시에 증발돼 버리지. 초의는 이를 간과하고 명나라에서 쉽게 하는 초배법(炒焙法)을 들여와 구수한 냄새가 나는 차를 만들게 되었네. 중국 찻잎은 워낙 향이 강해서 초배법이 통하지만 우리네 찻잎으로는 구증구포·삼증삼쇄 증배법이 녹향을 살리는 최선의 제다법이라네.

4. 다신계의 이름에 들어 있는 '信'은 왜 다신(茶神)의 '神'이 아닌지요? 信과 神의 관계는요?

▶ 다신계는 「다신계절목」에 있듯이 나의 강진 제자들이 나와 헤어짐을 아쉬워하여 나의 해배(解配) 이후에도 차를 울타리 삼아 계속 신의를 다지자는 뜻에서 만든 걸세. 다신계의 '信'은 『중용』에 나오는 성리학의 이념인 '誠'과 같은 뜻이라네. 성은 우주 자연의 존재와 운영의 원리이자 그것이 인간의 선한 본성으로 들어와 있는 내용이지. 따라서 다신계의 다도정신은 信이

자 誠이라고 할 수 있네. 초의도『동다송』제60행 주석 '다도' 정의의 행간에 誠을 다도정신으로 들여놓았을 것이네.

5. 어떤 차가 좋은 차일까요?

▶ 내가 앞에서 구증구포 · 삼증삼쇄 제다법의 원리와 목적을 말하였네. 좋은 녹차를 만드는 최선의 제다법이라고. 차의 종류로서는 오로지 녹차가 좋은 차라고 하겠네. 제다사와 차문화사를 보면 다른 차들은 녹차를 만드는 과정에서 변칙적으로 발생한, 쉽게 말하면 녹차가 변질된 차, 녹차의 부수물들이라고 할 수가 있지.

차 품평의 3요소는 향(香) · 색(色) · 맛(味)일진대, 좋은 차는 차탕에 녹향이 잘 살아 있고, 그런 차는 탕색이 연록색이고, 맛에는 오미가 중용의 조화를 이룬 기미(氣味, 개미)가 들어 있다네. 그런데 명말청초에 녹차 제다 과정에서 우연한 계기로 산화차가 나오게 되자, 그 말초적 후각을 자극하는 색다른 향에 관심이 쏠리면서 사람들은 차에 말초감각적 기호(嗜好)의 잣대를 대기 시작했지. 이로 인해 심신건강 수양음료로서의 차(녹차)의 본질과 정체성이 뒤틀리는 쪽으로 나아가게 되었네.

6. 차는 약용(藥用)이 아닌지요? 차를 마시기 좋은 때는 언제

이고 왜 그런지요?

▶ 내가 1805년 겨울에 백련사 혜장선사에게 보낸 아래의 「걸명소(乞茗疏)」를 참고하게나. 나는 강진살이에서 차를 체증 다스리는 약으로 겸용했을 뿐이네. 나는 젊은 시절부터 정신수양음료로서 차를 벗했네. 최초로 만난 건 고향집에서 가까운 검단산 아래서 난 차였지. 북쪽 백산차처럼 철쭉나무 잎 같은 것으로 만든 듯하더군.

나는 요즘 차를 탐식하는 사람이 되었으며
겸하여 약으로 삼고 있소
차 가운데 묘한 법은
보내 주신 육우『나경』3편이 통딜케 하였으니
병든 큰 누에(다산)는 마침내
노동(盧仝)의 칠완다(七碗茶)를 마시게 하였소
정기가 쇠퇴했다 하나 기모경의 말은 잊을 수 없어
막힌 것을 삭이고 헌데를 낫게 하니
이찬황(李贊皇)의 차 마시는 습관을 얻었소
아아, 윤택할진저
아침 햇살 막 비칠 때 우리는 차는
뜬구름이 맑은 하늘에 빛나는 듯하고

낮잠에서 깨어나 마시는 차는

밝은 달이 푸른 물 위에 잔잔히 부서지는 듯하오

다연에 차 갈 때면 잔구슬처럼 휘날리는 옥가루들

산골의 등잔불로서는 좋은 것 가리기 아득해도

자순차의 향내 그윽하고

불 일어 새 샘물 길어다 들에서 달이는 차의 맛은

신령께 바치는 백포의 맛과 같소

꽃청자 홍옥다완을 쓰던 노공의 호사스러움 따를 길 없고

돌솥 푸른 연기의 검소함은 한비자(韓非子)에 미치지 못하나

물 끓이는 흥취를 게 눈, 고기 눈에 비기던

옛 선비들의 취미만 부질없이 즐기는 사이

용단봉병 등 왕실에서 보내 주신 진귀한 차는 바닥이 났소

이에 나물 캐기와 땔감을 채취할 수 없게 마음이 병드니

부끄러움 무릅쓰고 차 보내 주시는 정다움 비는 바이오

듣건대 죽은 뒤, 고해의 다리 건너는 데 가장 큰 시주는

명산의 고액이 뭉친 차 한 줌 몰래 보내 주시는 일이라 하오

목마르게 바라는 이 염원, 부디 물리치지 말고 베풀어 주소서

　위에서 "아침 햇살 막 비칠 때 우리는 차는 / 뜬구름이 맑은 하늘에 빛나는 듯하고 / 낮잠에서 깨어나 마시는 차는 / 은은한 달빛이 푸른 물 위에 잔잔히 부서지는 듯하오"라는 구절은

행다(行茶)와 끽다(喫茶)로써 자연과 교감하고 합일하는 수양다도의 일면을 표출한 것일세. 초의도 이 대목을 『동다송』에 옮겨 놨더군.

7. 후대를 위해 좋은 차생활의 지표를 말씀해 주십시오.

▶ 첫째, 신신당부하겠네. 차나무에 비료를 주어 알묘조장(揠苗助長)하는 일이 없기를 바라네. 차는 천성이 지극히 담백(淡白)하여(味至寒) 덕(德)이 사무사(思無邪)하고 성(誠)하다네. 양돈하듯 차나무에 사료를 주고 농약이 뒤따르면 그 사기(邪氣)가 차의 천성인 다신(녹향)을 밀어내고 마침내 속을 쓰리게 할 것이네. 다산의 차나무처럼 산에서 춘의(春意)에 힘입어 나고 자라고 순을 내는 차만이 다도의 도반이 될 수 있네. 내가 「아언각비」에서 말했듯이, 그런 차탕에만 '차(茶)'라는 이름을 붙이도록 하게나. 그게 차에 있어서 정명(正名)이라 할 것이네.

둘째, 차는 녹차, 차의 본질과 정체성을 가장 온전하게 담고 있는 녹차만을 마실 것! 청태전이나 뇌원차 등속처럼 '쉰 차'가 되어 폐기돼 제다사의 무대에서 사라진 옛차를 다시 거들떠보는 일이 없기를. 보이차도 원래는 보이지방의 녹차였으나 열악한 환경에서 곰팡이에 띄워진 것이라네. 함경도에서는 청국장을 '썩장(썩은 장)'이라고 하네. 그렇다면 잘못된 보이차는 '썩차'

라고도 하겠네. 썩장이 콩의 본성을 잃었듯이, 보이차도 오랜 기간 습도와 곰팡이에 의해 차의 본성을 상실했겠지? 후대인들은 커피에 발암물질이 들어 있다고 하고, 보이차 곰팡이 일종에도 발암물질이 있다고 할 것이네.

일부에서 퍼뜨리는 "녹차는 냉하다"는 속설은 『다경』에 있는 '味至寒'의 오역인 줄 알게나. 차에는 수렴하는(잡아당겨 뭉뚱그리는) 성질이 있다네. 떫고 쓴맛이 그것일세. '味至寒'도 차의 성미(性味), 즉 차가 혀를 통해 전해 주는 감각을 말한 것이 아닌가. 후대 사람들은 이를 카테킨(탄닌)과 카페인의 효능이라고 할 걸세. 이 수렴하는 성질이 사람에 따라 감각적으로 차게 느껴질 수는 있을지 모르나, 신체의 활력을 북돋우고 정신을 깨어 있게 하네. 카테킨을 온존시켜 품고 있는 녹차의 장점 중 하나이네. 후대 사람들은 이를 카테킨의 항산화작용이라고 할 것이네.

8. 한국 차계와 차학계 등 후학들에게 당부 말씀을 해 주십시오.

▶ 『중용(中庸)』에 무슨 일에나 시종(始終)과 본말(本末)이 있다고 했네. 차와 찻일에서도 본질과 지엽말단을 구별하는 일이 참으로 중요하네. 차의 본질인 '심신건강 수양음료'로서의 정체

성을 망각하고, 한낱 냄새 좇는 고양이 마냥 코를 킁킁, 혀를 날름거리며 말초자극에 지배되는 후각과 미각 충족만을 찾아 곰팡이 냄새를 피우는 보이차나 씨앗 태운 잿물 커피를 좇는 일은 중국 보이차 사대주의나 서구 커피식민주의 맹종자가 되는 짓이네.

우리가 차를 마시는 이유와 목적은 차에 '다신'이라는 이름으로 깃들어 있는 우주 자연의 대원리이자 섭리인 성(誠)을 섭취 체득하여 자연과 하나된 순수 자연인으로서의 진정한 행복감을 얻기 위함일세. 그렇기에 한국 차의 다도정신은 성(誠)이고, 초의가 「奉和山泉道人謝茶之作」에서 읊었듯이 '사무사(思無邪)'이기도 하다네. 후학들이 이를 망각하고 오로지 차로써 돈과 명성을 계산하고, 차로써 음흉한 붕당을 꾀하여 차를 돈벌이나 권세부림의 도구로 전락시키는 일이 없기를 바라네.

차로써 권력이나 관변 기웃거리기, 위장된 차인 명성으로써 나랏돈 타 내어 온갖 미명으로 포장하여 중국 보이차 선전 마당 열어 주기, 차의 본질을 망각하고 차를 오래 했다는 것만으로 대접받는 줄 착각하여 안하무인으로 차계를 혹세무민하면서 차로써 영예를 누리고자 하는 '차벌레'들이 나오지 않기를 바라네.

행다(行茶)에 있어서도, 온갖 번다한 형식과 멋부림을 동원한 '잡차(雜茶)'에 '다례'라는 이름을 붙여 나댐으로써, 조상들이 정립하여 전해 준 우리나라 특유의 '수양다도'의 면모에 먹칠하는 일이 없기를 간절히 바라네.

차를 팔아 재물을 얻을 생각으로 제다를 하면 다신의 자리에 탐욕이 들어앉고, 그런 차를 미사여구로 포장하고 차장사치가 되어 선전하면, 차의 신묘함 우롱하고 다신이 전해 주는 자연의 질서를 훼손하여 하늘·땅·세인(世人)을 기만한 천벌이 부메랑에 실려 돌아올 것이네.

한국 전통제다 · 전통차문화 복원운동 온상
산절로야생다원

우리 전통차(녹차)와 전통차문화가 오늘날 커피 식민주의와 보이차 사대주의에 밀려 질식상태에 있다. 그러나 한국 차계와 차학계에서 이 위기상황을 걱정하거나 대안마련의 절실함을 아무도 말하지 않고 있다. 한국 차계나 차학계는 각종 국비 · 지자체 예산지원을 받아 호화로운 차행사를 벌이지만, 그들의 목표는 한국 차와 차문화의 본질 추구 보다는 '차=돈'이라는 전제 아래 차의 상업화 · 관광사업화가 전부라고 할 수 있다. 이와 관련한 단적인 예를 이 글 말미에 붙인다.

'뉴밀레미엄'이란 말이 회자되던 2000년대 초입, 한겨레신문 기자로서 한국 토종 토속 취재중 섬진강변 토종 매화와 전통 야생차를 대하게 되었다. 승주(지금은 순천) 선암사 주지(2003년 입적) 지허스님을 만나면서였다. 그 분은 당시 〈뿌리깊은 나무〉 사주인 고 한창기 선생과 우리 토종 전통문화 살리기 일환으로 전통차를 한 해에 5천통 만들어 세상에 내놓았었다고 했다. 전통차이니 다산과 초의가 썼던 야생찻잎으로 제다를 해야 본래의 가치를 지닐 터인데, 이만한 양의 차를 전부 야생찻잎으로 만들기는 어려워서 상당량의 원료를 보성 등지의 재배찻잎으로 썼다고 아쉬워했다. 그러면서 자신이 낙안 금둔사에 야생다원을 조성하고 있다면서 나에게도 권했다.

나는 지허 스님의 말씀을 받아 적고 내 생각과 자료를 보완하여 『지허스님의 차』라는 책을 기획·출판하면서 야생다원 조성이 참다운 전통차 제다의 전제조건이고 그런 차 제다만이 진정

한 전통차문화 전개의 필수조건임을 깨닫게 되었다. 당시는 커피와 보이차가 자본과 상업주의의 힘을 업고 한창 퍼질 기세여서 자칫 우리 전통차문화가 초토화될지 모른다는 걱정이 밀려왔다(사실 지금 그렇게 되었지만). 전통차문화 지키기 또는 복원운동이 절실하고 다급하다고 생각됐다. 전통차문화라 하니 다산과 초의가 떠올랐고, 그분들이 거느렸던 차밭이나 찻잎의 모습이 머리를 스치면서 반사적으로 비료·농약·재배차... 차 마실 때의 속쓰림... 등에 생각이 미치고 웰빙·힐링·디톡스라는 말의 어의가 떠오르면서 야생다원 조성에 의한 순수 야생찻잎 확보가 전통차문화 복원의 전제 필수조건임이 각인되었다.

일제강점기때 총독부 농림관계부처 일본인 공무원이 쓴 『조선의 차와 선』이라는 책이 있었다. 이 책을 헌책방에서 구해 옆구리에 끼고 다니면서 전라남도 일대 산에 퍼져 페허상태로 방치돼 있는 야생차밭 30 여 곳을 취재 겸 찾아다녔다. 2002년 봄부터 곡성 폐교에 녹슨 가마솥을 하나 걸어놓고 주말이면 이런 야생차밭에서 찻잎을 따다가 실험제다를 시작했다. 차의 향·색·맛이 재배차와는 천지차이로 느껴졌다. 재배차를 인삼이라고 하면 야생차는 깊은 산속에서 발견된 순수 자연산 산삼이라고 할 만했다.

그러나 순수 야생찻잎 채취가 만만치 않았다. 그때 마침 전남 일대에 야생차붐이 일기 시작했다. 야생차나무가 있는 산의 산주에게 임대료를 주고 찻잎을 따기로 했는데, 새벽 5시에 곡성 일꾼 아낙들과 함께 장성이나 함평 등지 야생차밭 산에 도착하면 벌써 광주에서 온 아낙네들이 찻잎을 훑고 있었다. 해마다 그들과 다투는 일이 힘들고 짜증스러웠다. 2003년 곡성군 오곡면 침곡리와 고달면 호곡리에 각각 2만평씩 산을 사서 직접 야생차 씨앗을 뿌렸다. 이후의 '산절로야생다원 조성기(記)'가 『차의 귀향, 그 후 20년』이라는 책에 실려 있다.

지리산자락 섬진강변 산절로야생다원은 지금 전무하고 후무

할 100% 순수 야생다원으로서 차숲 밀림이 되어 있다. 야생다원으로서 4만 평이니 넓이도 그렇고, 차나무 키가 2미터가 넘는 것들이 많으니(야생차로서 순수성을 지니도록 중간자르기를 일절 하지 않았다) 규모나 위세가 전무하고 후무할 것이다. 산절로야생다원에 들어가면 한겨울에도 윤기나는 생생한 녹색 찻잎의 기세가 자연의 생명력 −차문화적 의미로는 피톤치드를 내는 '綠香(녹향)' 또는 '茶神(다신)'이라 함− 을 우리 심신에 전입시켜 주기에 족하다.

나는 전통차문화 복원운동을 더 효과적으로 펼치기 위해서는 차문화의 핵심인 '다도(茶道)' 공부가 필요하다고 느껴졌다. 왜

차(茶)에 도(道)라는 말이 붙었을까? 하고 많은 식음료 중에 하필이면 차에만 도(道)자가 붙어서 차가 선사시대 이래 우리 삶의 정신적 근간을 받쳐주는 도반(道伴)이 되어 왔을까? 성균관대학교 대학원(동양철학과 한국철학 전공)에서 한재(寒齋) 이목(李穆)의 「다부」와 초의 선사의 「동다송」을 텍스트로 하여 『한국수양다도의 모색』이라는 논문으로 학위를 받았다.

산절로야생다원을 기반으로 전통차문화 복원운동을 이론적·전문적·실천적으로 전개하기 위해 2018년에는 (사)남도정통제다·다도보존연구소를 설립하였다. 이리하여 2023년 문화재청의 '무형문화재(제130호 전통제다) 전승공동체 활성화 지원사업'으로서 전국 전문제다인·수제차농가·차인·차학과 학생들 대상 전통차문화 전승 사업 〈다산의 다정 다감〉을 실시했고, 일반인들의 심신건강을 위한 진정한 차생활 일상화 교육·실습 프로그램 〈힐링곡성 야생차포레스트〉를 연례행사로 운영하고 있다.

이 글 서두에서 언급한 바에 따라, 다산과 초의의 제다가 한국전통제다이고, 그것의 본질이 '야생찻잎의 우수성을 이용한 수양다도의 효과적인 수행'이었으며, 이런 전통제다와 전통차문화의 진면목에서 현재의 한국 차 위기상황 돌파의 해법과 앞으로의 지향점을 찾아야 한다는 의미에서 '반면교사'가 될 만한 장면을 하나 얘기해 보겠다.

문화재청이 2023년부터 무형문화재(제130호 전통제다) 전승공동체 활성화 지원사업을 벌이고 있다. 이 사업 지원대상으로 전통제다 계승을 내세우는 남도의 한 차사업체기 2023년에 이어 2024년에 연속 선정되었다. 인근의 대규모 재배다원 일부를 빌려 이른바 '전통차'를 제다한다는 곳으로 알려져 있는 이 업체는 이전에도 한국관광공사 등으로부터 국비지원을 받아 차 관광상품화에 열중하고 있다.

이 업체가 2023년 위 전승공동체 활성화 지원사업으로 벌인 행사들은 매 주말 (재배)차밭길·산길 걷기, 여럿이 발씻은 계곡물에 찻잔 띄워 마시는 계곡물차탁족(茶濯足), 서양음악회 'ㅇㅇㅇㅇㅇ', 차이름 붙인 독서여행 프로그램 'ㅇㅇㅇ ㅇㅇ' 등이다. 하나같이 전통제다와는 거리가 있는 소모적이고 쇼적인 이벤트들이다.

군이 전통제다 전승공동체 활성화 지원사업 취지를 염두에 둔 행사라면 '00산 1,000년의 차' 심포지엄과 '전승공동체 결성 모임' 개최가 있었다. 그러나 이 심포지엄은 전통제다의 맥락과 본질을 오늘에 구현하고자 하는 노력 보다는 사찰에 유물로 남아있는 다기와 조선시대에 제다를 했다는 기록, 그리고 현재 대규모 재배다원 등에서 현대적 제다를 하고 있다는 사실들을 나열하여 지역연고성과 역사성을 강조하고 차와 ○○청자를 엮어 상품화하자는 등 제다와 도예발전사의 역사적 맥락을 뒤엎는 주장들로 이어졌다. 전승공동체 결성 모임도 기존의 차인모임체 회원들을 불러 회합을 하는 정도이다.

문화재청의 무형문화재(전통제다) 전승공동체 활성화 지원사업 국비예산이 활성화지원이 불필요한 대형 차사업체들의 쇼적 이벤트 비용으로 부어지고 있다는 사실은 앞으로 우리 전통제다와 그것에서 시발하는 전통차 및 전통차문화의 향방이 얼마나 더 어지러워질지 짐작하게 해 주는 것이라고 할 수 있다. 정체성 상실의 혼돈상태에서 커피와 보이차의 홍수 속에 익사 직전에 있는 우리 전통제다와 전통 차문화의 처절한 모습에 애가 탄다.

전통제다,
다산의 다정다감
茶山　　茶庭 茶感

전남 곡성 산절로 야생다원
2023년 4월-5월, 9월-10월
한국야생녹차 제다에 관심있는 분, 무료체험
문의 : 010-3738-9631

6대 차류 분류의 의미와 녹차의 중요성

중국에서 나온 차분류 방법으로 '6대 차류'가 있다. ① 녹차 ② 백차 ③ 황차 ④ 청차 ⑤ 홍차 ⑥ 흑자 등이다. 분류의 기준은 찻잎의 성분인 카테킨의 산화와 테아닌의 발효 정도이다.

녹차는 카테킨 산화와 테아닌 발효를 완벽하게 막아 생찻잎의 성분을 최대한 보존시키기는 데 목적을 두고 제다한 차이다. 백차는 이른 봄 차 춘궁기(春窮期)때 차를 맛보고자 하는 조급성에서 차싹이 나자마자 따서 그늘에 말린 것이다. 원래 녹차를 마시고자 하는 염원으로 만든 것이지만 마르는 동안 카테킨 산화가 약하게나마 이뤄졌고 오래 둘수록 진전돼 차탕이 약한 황적색 기운을 띤다.

황차는 녹차를 만든 뒤 완전 건조 전에 더운 데 쌓아 놓아(悶黃) 카테킨 산화 및 곰팡이효소에 의한 테아닌(단백질) 발효를 녹차보다 촉진시킨 것으로 차탕이 황색에 가깝고, 맛이 구수한 경향을 띤다.

청차는 오룡(우롱)차나 동방미인(대만) 또는 철관음·대홍포(중국 복건성)와 같은 반발효(산화)차를 말한다. 카테킨 산화를 20%~50%까지 진전시켜 건조시킨 것이다. 차탕색은 황적색이고 차향이 사과향과 장미향 등 다양하게 난다. 이 다양한 차향을 좇아 제다한 차다,

홍차는 카테킨을 100%에 가깝게 산화시키고 건조하여 제다한다. 차이름을 건조된 찻잎색을 따라 영어로는 '블랙티'라고 하지만 붉은 차탕색을 보고 홍차라고 한다.

흑차는 이른바 '후발효차'로서 오랜 기간을 거쳐 카테킨 산화는 물론 단백질 성분을 가진 테아닌이 곰팡이효소에 의해 거의 분해돼 버린 차다. 성분학적으로 볼 때 차로서 가치가 가장 적은 것이라고 할 수 있다.

이상에서 알 수 있는 것은 녹차는 생찻잎에 든 심신건강기능성으로서 차의 3대 성분인 카테킨·테아닌·카페인이 가장 잘 보전된 차이다. 그런데 명말청초에 덖음제다 방식이 유행하면서 청차가 등장한 이래 차의 자리매김에 '기호음료'라는 이름이 부가되었다. 동시에 '다도'의 의미가 퇴색되기 시작했다. 이전에는 차의 3대 성분인 카테킨·테아닌·카페인의 심신건강기능성이 강조돼 인식됨으로써 차를 '심신건강 수양음료'로 인식하였고, 더불어 심신수양을 내용으로 하는 다도(茶道)가 차문화의 본질이자 핵심으로 전개됨으로써 차가 장구한 생명력을 갖게 하는 동인이 되어 왔다.

여기에서 '심신건강 수양음료'로서 녹차의 중요성을 강조하자면, 녹차는 생찻잎에 든 차의 3대 성분을 완제 상태에서 가장 잘 보전하고 있다는 것이다. 카테킨은 항산화작용으로 우리 몸 안의 활성산소를 없애 세포를 활성화시키고 면역력을 높여 몸과 마음의 활력과 건강성을 증진시켜 준다. 테아닌은 찻잎에만 들어있는 성분으로 뇌파를 베타파(일상 자극파)에서 알파파(명상 시 뇌파)로 진정시켜준다. 각성 효과를 주는 카페인과 함께 우리 심신을 '적적성성(寂寂猩猩)' 상태에 들게 함으로써 다도명상에 의한 '깨달음'에 이르게 하는 기능을 갖는 것으로 알려져 있다.

이런 녹차의 중요성은 일찍이 감지돼 당나라때 육우가 쓴『다경』에 나온 제다법과 차종류의 지향이 모두 녹차이다. 또『다경』제4항('찻그릇')에는 "월주요 청자가 제일이요 형주요 백자는 그 다음...."이라고 하고 그 이유로 "월주요 청자는 차탕색을 녹색에 가깝게 보이게 하고, 형주요 백자는 차탕색을 붉게 한다"고 하였다. 이를 해석하면, 당시의 제다법 수준과 차의 포장 및 보관과 운반 편의상 녹차로서 떡차를 만들었는데 찻잎을 쪄서 바로 찧어 떡으로 뭉갠 것이 건조 미흡으로 카테킨 산화된 '쉰 차'로 변하여 차탕색이 붉게 돼 버렸으니 이를 녹차색에 가깝게 보이도록 청자 다기를 선호했다는 것이다.

그러나 명대 이후 증배 또는 덖음방식 제다에 의해 카테킨 산화가 방지되는 산차(散茶)가 나오면서 차낭색이 녹색을 유지하게 됐고, 따라서 찻그릇도 녹색 차탕색을 그대로 보여주는 백자를 쓰게 되었다. 그러한 당대 차문화와 청자 및 명대 차문화와 백자도예가 그대로 이 땅에 유입되었다. 고려청자와 이조백자가 그것이다. 따라서 오늘날 녹차와 녹차 탕색이 원만히 유지되는 차 환경에서 '쉰 녹차'라고 할 수 있는 당·송대의 차류인 청태전이나 뇌원차를 복원(?)하거나 고려시대 백차(?)와 고려청자 다기를 복원했다고 주장하는 차학자들과 차명망가들의 주장은 명리추구에 몰입돼 제다사와 차문화사에 대한 무지를 드러내는 것이라고 하겠다.

　이런 맥락에서 다산과 초의가 차에 대한 어떤 인식과 어떤 차 정신으로써 제다에 임했으며, 다산의 구증구포 단차 제다 및 삼증삼쇄 연고녹차 제다가 세계제다사 및 한국 전통차문화사에서 어떤 가치를 갖는지 살펴볼 필요가 있다.

문화재 전승공동체 활성화지원사업

전통제다, 茶山의　茶庭　茶感

다산의 다정다감

2023.4. - 12.　주관 : 문화재청 ,전라남도, 곡성군
주최: (사)남도정통제다 다도연구소

정통의 계승이 진정한 전통이다

물적 · 이론적 전통 전승 토대(순수 야생다원+선현들의 수양다도 이론) 갖춘 정통파 전승공동체가 보이는 전통제다 전승 노력의 순수성과 자생력 넘치는 대형 제다업체의 상업성 쇼 이벤트 구별해야

지난봄 (사)남도정통제다다도보존연구소의 곡성 산절로야생 다원에서 다산차 제다 및 한국수양다도 실습체험을 해 본 사람들은 이 무더위 속에서도 생명력 넘치던 차산(茶山) 산절로야생 다원의 순수 야생찻잎과 남도정통제다 · 다도보존연구소가 학술적으로 정통적이고(Orthodox) 오리지널하게 복원한 다산 정약용 선현의 구증구포 단차 및 삼증삼쇄 고급 연고녹차의 탁월한 자연성이 심신에 전이시켜 준 녹향(綠香)의 활력을 되새기면 더위를 이기는 데 한결 도움이 될 것이다.

그뿐만 아니라 그때 제다해 가져간 다산차를 차가운 물로 냉침(冷浸)하여 마시면 더위도 물리치고 요즘 다시 기승인 코로나

예방에도 효과가 있을 것이다. 창의력 뛰어난 발명가이셨던 다산이 중국이나 일본 제다법과 달리 독창적인 제다법으로 제다한 다산차는 차의 3대 성분(카테킨·테아닌·카페인) 중 가장 중요한 성분으로서 항산화 작용이 뛰어나 면역력 강화 등 인체의 활성을 증진시키는 카테킨 성분을 최적으로 보전시킨 최고급 녹차이기 때문이다.

(사)남도정통제다·다도보존연구소는 이처럼 사이비전통이 아닌 정통을 추구하는 전통 전승을 위해 전통차문화에 관한 학술연구와 더불어 연구 결과를 전국 야생수제차 농가들과 차학인들 및 대중과 함께 실천하는 것으로 전통차문화 복원운동을 20년 넘게 해 오고 있다.

이 전통차문화 복원운동에서 가장 중요한 것이 정통의 전통 계승을 위한 진정한 정통 인프라 구축이다. 남노성통세나·다도보존연구소는 다산과 초의가 채다(採茶)했던 곳과 똑같은 100% 순수 야생다원으로서 국내 최대인 4만 평의 산속 차나무 숲이 된 산절로야생다원, 다산과 초의의 차정신 실천 이론인 한국수양다도 등 양대 축의 물적 이론적 토대, 그리고 이 두 차별적 인프라 기반 위에서 다년간 다양한 강의와 연구물 저술 및 실습체험 프로그램 운영의 노하우를 축적해 왔다.

이는 전통과 무관한 장식적이고 쇼적인 이벤트나 무늬만 차학술세미나인 자기들만의 카르텔 탁상공론을 되풀이하며, 전통이라는 이름에 걸맞은 규모와 내용의 야생다원다운 야생다원이나 전통적 정체성의 진정한 전통차문화 이론(전통제다와 수양론적 다도의 관계에 대한) 및 실천 프로그램을 갖추지 못한 여느 차 관련 단체들과 본질적으로 비교될 것이다.

한국 전통차와 전통차문화의 진정한 전승은 정통의 전승에 대한 올바른 이해와 실천 의지, 그것을 뒷받침하는 물적·이론적 인프라 개발의 피나는 노력으로 이런 진정성을 지켜 온 쪽과 표피적·상업적 흥행성을 목적에 둔 쇼와 이벤트로써 전통의 본질을 왜곡시키고 정통 전통 전승의 진정성을 훼손하는 차인이나 차 관련 모임들을 구별하는 데서 가려질 것이다.

이런 맥락에서 문화재청의 무형문화재(전통제다) 전승공동체 활성화 지원사업 예산을 활성화지원이 불필요한 대형 재배차 차사업체들의 상업성 홍보에 초점을 둔 외형적이고 일회적인 소비성 쇼 이벤트에 쏟아 부어서는 안된다. 그렇게 낭비되는 돈을 한 푼이라도 아껴서 오늘도 음지에서 순수 야생다원을 힘겹게 일구고 다도의 진정한 의미를 되새기며 선현들의 뛰어난 전통차문화 숨결을 되살리기 위해 가쁜 숨을 헐떡이고 있는 다수의 영세 야생다원 수제차 제다농가들을 활성화하고 북돋는 데 써야 한다.

I

전통제다의
국가무형문화재 지정 의의

문화재청 전승공동체활성화지원사업 일환으로 (사)남도정통제다다도보존연구소가 연 '
전통제다 전승방안' 워크숍

1

전통제다 문화재 지정
의의 점검 필요성

문화재청은 2016년 전통제다를 국가무형문화재 제130호로 지정하였다. 전통제다의 문화재 지정에 앞서 문화재청은 2016년 3월「중요무형문화재 지정 예고문」을 고시(告示)하여 '지정 사유'를 아래와 같이 밝혔다.

- '선동세나'는 사나무의 싹, 잎, 이린 줄기를 이용히여 치(茶)를 만드는 기법임. 찌거나 덖거나 발효 등을 거친 재료를 비비기, 찔기, 압착, 건조 등 공정을 거쳐 음용할 수 있게 가공하여 차를 만드는 일련의 전통 기술을 말하여, 그 범주는 덖음차, 떡차, 발효차임.
- 삼국시대 차에 관한 기록에서 조선 후기 다서(茶書)에 이르기까지 우리나라 제다의 역사적 근거와 지속성이 분명하게 나타나고, 다른 나라와 차별되는 차 만드는 과정의 고유성과 표현미가 확연히 드러나고 있음. 이와 같이 전통제다는 무형문

화재로서 역사성, 예술성, 학술성 등의 가치가 탁월하므로 이를 중요무형문화재로 지정하여 한국적 제다를 보존·전승하고 한국 차 문화의 진흥과 활성에도 기여하고자 함.

– 전통제다는 한반도 남부지방의 차산지에 기반을 두고 다양한 방식과 형태의 차 제조 기술이 공유·전승되어 현대에도 적용되고 있다는 점에서 중요무형문화재 '전통제다'는 특정 보유자나 보유단체를 인정하지 않음.

전통제다의 문화재 지정은 문화재청의 자발적 결정이라기보다는 한국차생산자연합회 등 차산지 수제차 농가들과 차 관련 단체들의 로비와 정치적 압력이 크게 작용한 것으로 알려졌다. 따라서 전통제다 문화재지정에는 근래에 한국 차, 차문화, 차산업이 침체된 데 대한 대안 마련이라는 절실한 요구가 들어 있다고 할 수 있다. 이런 맥락에서 전통제다 문화재 지정의 의의를 점검해 볼 필요가 있다.

2

전통제다 문화재 지정의
허와 실

1) 전통제다 문화재 지정의 기대효과와 문제점

전통제다 문화재 지정이 위와 같이 차산지 수제차 농가들의 염원에서 비롯된 것인 만큼 전통제다 문화재 지정은 후속 지원 정책이 수반되리라는 기대가 더해져서 전통 수제차 농가들에게 격려가 될 것임은 분명하다. 또 전통제다 문화재 지정 직전에 「차산업 발전 및 차문화 진흥에 관한 법률」(차산업법)이 제정(2015년 1월 20일) 시행되었는데(2016년 1월 21일), 이는 차산업·차문화 진작을 위한 행정당국의 노력과 의지 표명으로서 전통제다 문화재 지정과 함께 상승효과를 발휘할 것으로 기대되었다.

이런 정부시책 실천의 일환으로 2023년 5월 경남 하동에서 국비 42억 원이 지원된 '하동 세계차엑스포'가 열렸다. 또 문화재청은 2023년부터 '무형문화재 전승공동체활성화지원사업'을 실시하고 있다.

한편 민간과 정부의 차산업·차문화 진흥을 위한 이런 노력의 과실 속에서 간과하기 어려운 혼선도 발견되고 있다. 즉, 차산업과 차문화가 이분화되고 이에 따라 행정당국의 관할 범주 또한 둘로 나뉘는 바람에 이분화된 정부의 지원책이 기대만큼의 상승효과를 발휘하지 못할 상충적 요소를 안고 있다는 것이다. 차산업법의 규정을 보면 농업으로서 차산업을 진흥시키고 문화로서 차문화를 보급시키기 위해 정부와 지자체가 할 일 등 각종 방안을 마련하도록 하고 있다. 여기에는 차산업과 차문화에 대한 나름의 정의도 들어 있다.[1] 이는 차의 생산(차산업)과 소비(차문화) 두 가지를 다 겨냥한 것으로 보인다.

그런데 차산업법의 규정에 들어 있는 농업으로서 차산업은 농업생산 담당 부처인 농림축산식품부의 업무에 속하고, 차소비와 직결되는 대중의 차생활을 포함한 차문화는 근본적으로

---

[1]   제1조(목적) 이 법은 차산업을 발전시켜 농업인의 소득증대에 기여하고 차문화 보급을 통하여 국민의 건강한 생활에 이바지함을 목적으로 한다.제2조(정의) 이 법에서 사용하는 용어의 뜻은 다음과 같다.

 1. "차"란 차나무의 잎 등을 이용하여 제조한 것으로서 대통령령으로 정하는 것을 말한다.

 2. "차산업"이란 차의 원료가 되는 식물을 재배하거나 차를 생산, 가공, 조리, 포장, 보관, 유통 또는 판매하는 산업을 말한다.

 3. "차산업종사자"란 차산업에 종사하는 자로서 대통령령으로 정하는 자를 말한다.

 4. "차문화"란 차나무의 재배와 찻잎의 채취, 가공, 평가, 저장, 판매, 이용, 다도 등 차와 관련하여 변화·발전되어 온 유형·무형의 생활양식을 말한다.제3조(국가와 지방자치단체의 책무) 국가와 지방자치단체는 차산업의 발전 및 차문화의 진흥을 위하여 필요한 시책을 수립·시행하여야 한다.

문화행정당국(문화관광체육부와 문화재청) 소관이다. 그렇다면 전통제다는 어느 부처의 행정적 재정적 지원을 받아야 하는가? 이는 제다의 내용과 성격을 어떻게 분류하느냐에 달려 있다고 할 것이다.

제다를 차를 생산하는 일이라고 보느냐, 아니면 전통제다를 문화재청이 국가무형문화재로 지정했듯이 다도라는 차문화 이행 소재로서 차를 만들어 내는 기·예능적 문화의 측면으로 보느냐의 문제라는 것이다. 제다를 농업생산방식의 하나로 볼 때 제다(전통제다 포함)는 농림축산식품부 소관이다. 차산업법에는 제다를 농업생산양식으로 보고, 각 지자체가 제다교육을 지원하는 시책을 마련해야 한다고 규정하고 있다.

제다를 단순히 차를 생산하는 양산(量産)적 개념을 넘어 다도라는 정신문화와 관련되는 문화재로서의 차를 민드는 기·예능이라고 볼 때, 제다는 문화재청 소관이라고 할 수 있다. 문화재청의 전통제다 문화재지정 예고문에 "'전통제다'는 특정 보유자나 보유단체를 인정하진 않음"이라는 말은 전통제다의 기·예능보유자(이른바 인간문화재)나 보유단체를 인정하지 않는다는 뜻이다. 그런데 농림축산식품부가 운영하는 '전통식품명인' 제도에서는 6명의 차명인을 지정해 두고 있다. 또 차계 한편에서는 전통제다가 문화재로 지정된 마당에 '초의차' 등과 관련하여 전통제다 기·예능 보유자 지정에 목표를 두고 적극적으로 홍보하고 있는 사례도 있다.

그런데 이런 움직임에 밀려 만약 문화재청 규정상 약간의 규제 완화를 통해 전통제다 기·예능보유자 지정을 할 수 있게 된다면 농림축산식품부의 전통식품명인제도의 차명인 지정과 부딪칠 수 있다. 양 부서 간 제도의 중복성을 정돈할 필요성을 말해 주는 대목이다. 현재로서는 농림축산식품부의 차명인 지정이 전통식품의 전승이라는 목표를 원만히 수행하고 있다는 증거도 없다.

예컨대 현재 차명인으로 지정된 6명은 자신의 제다법을 '비법'인 양 공개자체를 꺼리고 있다. 그들이 자신의 제다법 전승을 위한 저술이나 교육을 하고 있다는 사례도 없다. 전통식품 전승을 위한 차명인지정제도 운영이 오로지 차명인들의 명리만을 위한 제도로 변질되었다는 지적을 피할 수 없는 실정이다. 여기에 문화재청이 전통제다 기·예능보유자(속칭 인간문화재) 지정을 허용하는 것은 농림축산식품부의 전통식품명인(차명인)제도의 전철을 밟을 가능성을 배제할 수 없다.

이런 까닭에 제도의 중복성을 피하기 위해서라도 바람직하지 않은 제도를 아예 폐지한다는 맥락에서, 문화재청이 전통제다 기·예능 보유자 지정을 하지 않기로 했으니 농림축산식품부의 차명인제도도 폐지하는 것이 좋겠다.

2) 전통제다 문화재 지정의 유발효과 및 역기능

전통제다 문화재 지정은 전통이라는 의미에 긍지를 갖고 전통차를 제다해 온 수제차 농가들에게 각별한 자긍심을 갖게 하여 전통 수제차의 정체성과 질을 제고시킬 요소를 충분히 지니고 있다. 특히 전통제다 문화재 지정 사유 가운데,

"전통제다는 한반도 남부지방의 차산지에 기반을 두고 다양한 방식과 형태의 차 제조 기술이 공유·전승되어 현대에도 적용되고 있다는 점에서 중요무형문화재 '전통제다'는 특정 보유자나 보유단체를 인정하지 않음"

이라는 대목은 이른바 '인간문화재' 지정 제도가 갖는 병폐로서 (전통제다 기·예능) 보유자(또는 보유단체)가 갖게 되는 독점적 명리 추구의 전횡을 근본적으로 막아 선량한 다수 전통제다 농가의 권익을 보호할 수 있다는 점에서 평가받을 수 있다. '보유자'나 '보유단체'를 인정하지 않는 문화재지정 종목을 대상으로 한 문화재청의 '무형문화재 전승공동체활성화지원사업'도 같은 취지와 목적을 가진 것이어서 다수의 전통차 수제농가들에게 고무·장려 정책으로서 효과를 발휘할 것으로 기대된다.

그러나 한편으로 농림축산식품부는 현재 해마다 전통식품명

인제도 운영의 일환으로 차명인 지정 제도를 유지하고 새로운 차명인 지정의 문을 열어 두고 있다. 여기에는 전승계통의 맥을 중시하므로 제아무리 수준 높은 전통제다 이론과 실기를 겸비했더라도 전승의 맥을 입증하지 못하면 응모조차 할 수 없도록 돼 있다. 이는 문화재청의 보유자 또는 보유단체 불인정 시책과 상충한다.

만약 문화재청의 보유자 불인정 시책이 일부 차명망가들의 압력에 굴복하여 보유자를 인정하는 쪽으로 바뀔 경우, 농림축산식품부로부터 전통식품명인으로서 차명인 지정을 받은 사람이 자신의 실재 전통제다 경력은 없더라도 전승 계통상의 실적을 들어 차명인 피지정 사실을 가산점 부여 이유로 제시할 때 이를 어떻게 처리할 것인가?

또 현재는 전통제다의 '전통'에 상응하는 차별적 정체성과는 무관한 현대적 보편적 일반적 상업적 제다를 하면서도 전통제다의 맥을 있는 것처럼 보이는 표피적이고 장식적인 이벤트를 벌여 문화재전승공동체 활성화지원사업 공모에 응모할 경우 이를 가려낼 제도적 보완이 필요하다.

3) 전통제다 문화재 지정 전후의 전통제다 혼란상

– 옛차 복원·전통제다 DB화 작업·탁족차회 등을 사례로

2016년 문화재청의 전통제다 문화재 지정과 2023년부터 시행된 문화재청의 무형문화재전승공동체활성화지원사업은 차 관련 학계와 연구단체 및 제다업체의 전통차 관련 활동에 전에 없던 활력을 부여한 측면과 함께 기존의 전통제다 혼란상을 더욱 부추길 수 있다는 우려를 갖게 한다.

첫 번째 사례로는 국립순천대학교 지리산권문화연구원의 경우를 들 수 있다. 이 연구원은 한국연구재단으로부터 총 18억 원의 연구비 지원을 받아 2022부터 6년 동안 '전통제다 데이터베이스화 사업'을 벌이고 있다. 지리산권문화연구원은 2022년 사업 개시와 동시에 이 '진통제다 자료기록화사업'의 원칙을 발표했다. "기록은 하되 평가는 하지 않는다."는 것이다. 그리고 2023년까지 연이어 순천, 화개, 보성, 곡성 등 남부지방 차산지의 '다양한 제다 양상'을 녹화하고 있다.

결과물을 기다려 봐야 하겠지만, 이 사업이 시작 단계에서 보이는 문제는 '연구사업'으로서 18억 원이라는 거액의 국비가 투입된 국립대학의 연구 프로젝트 내용이 잡다한 제다 양상의 단순한 녹화에 그쳐서 되겠는가 하는 것이다. 이 사업의 대상이 되는 전통제다가 전통제다로서 가치 있는 내실을 갖는지는 전

통제다 전문가들에 의한 엄밀한 평가를 통한 선별을 거칠 필요가 있다.

그러나 연구프로젝트 주체인 지리산권문화연구원은 이유를 밝히지 않은 채 "기록은 하되 평가는 하지 않는다."는 원칙을 천명하고 있다. 이는 이 연구소가 전통제다 전문인력을 확보하지 못하여 전통제다의 의미를 제대로 파악하지 못한 데 기인한 것으로 판단된다. 순천대지리산권문화연구원은 문화재청의 2016년 3월 「중요무형문화재 지정 예고문」 고시(告示)의 '지정사유' 가운데,

"전통제다는 한반도 남부지방의 차산지에 기반을 두고 다양한 방식과 형태의 차 제조 기술이 공유·전승되어 현대에도 적용되고 있다."

라는 문구에만 집착하여 현행의 잡다한 제다 양상을 평가 및 선별 없이 기록만 하고 있는 것으로 보인다. 참고로 이와 관련하여 있었던 논쟁의 글 일부를 뒤(Ⅵ장)에 붙인다.

또 다른 예로 전라남도에 있는 한 전통제다업체는 2023년 8월 현재 '국가무형문화재 전승공동체활성화지원사업'을 하면서 활동 상황을 SNS(페이스북)에 적극적으로 올려 홍보하고 있다.

그 활동 가운데 '차문화 공간 걷기(이가월가 탁족차회)'와 서양음악 공연인 '다정한 밤 콘서트'가 있다. 이러한 활동은 전통제다나 전통차문화의 본질과 거리가 먼 것들이다.

특히 탁족차회는 '굴원의 고사'에서 유래를 찾아 중국 소흥 왕희지의 난정(蘭庭)과 신라시대 경주 포석정에서 계류에 술잔을 띄우고 받아 마신 일을 본떠서 짜깁기한 것으로 보이는데, 군중이 족발 씻은 물에 찻잔을 띄워 마시는 것은 사무사(思無邪)·정행검덕(精行儉德)·청결(淸潔)이라는 차정신에 부합하지 않는 행태이다. 문화재청의 전통제다 전승공동체활성화지원사업 활용에 급급한 졸속 구성의 한 사례라고 할 수 있겠다.

전통제다 문화재지정 전후의 전통제다 혼란상의 사례로는 둘이 있다. 하나는 청태전과 뇌원차의 복원(?)이다. 청태전 복원은 전남 장흥군이 목포대 대학원 차 관련 연구소에 연구용역을 주어서 한 일이고, 뇌원차 복원은 장흥군의 이웃에 있는 한국 대표적 차산지인 보성군이 역시 목포대 대학원 차 관련 연구소와 함께한 일이다.

청태전은 제다사 및 차문화사 초기인 중국 당나라 때 만든 것과 같은 떡차류에 속한다. 당대 떡차류는 그 후 발전된 제다법과 차종류가 나오면서 폐기된 차이다. 당대 떡차류가 폐기된 이유는, 보관과 운송 편의상 녹차를 떡차 형태로 만들었으나 제다 공정장의 건조 미흡으로 산화갈변돼 녹차로서의 순수성을 잃었기 때문이다.

또 뇌원차는 고려시대의 차로 기록상 차 이름만 있고 차의 질이나 제다법에 관한 기록이나 근거는 전무하다. 목포대 대학원 차 관련 연구소의 「뇌원차 복원 연구보고서」를 보면 뇌원차 제다기록이 없어서 중국의 관련 기록을 보고 "장님이 코끼리 다리 만지는 식으로 만들었다."고 실토하고 있다.

또 다른 사례로서 (사)동아시아차문화연구소 박동춘 소장은 고려시대 백차와 청자다기를 복원했다고 주장하면서 2022년 ~2023년 사이에 몇 차례 그 청자다기를 사용하는 '고려백차시음회'를 열었다. 그러나 고려시대 백차라는 차류는 없었다.

박 소장은 송대에 유행한 용단승설과 같은 연고차가 격불될 때 흰 거품을 내는 것에서 착안하여 '백차'라는 이름을 붙여서 송대와 같은 시기인 고려시대의 차류로 착각한 것으로 보인다. 이 역시 근거 기록이 없는 폐기된 차를 '복원'이 아닌 창작한 것이라고 할 수 있다.

또 청자다기는 당나라 때 녹차로서 산화갈변된 떡차의 차탕색을 녹색에 가깝게 보이도록 하기 위해 쓴 것이라는 기록이 『다경』에 보인다. 즉, 떡차의 폐기에 따라 함께 폐기된 셈인 청자다기를 오늘날 복원한다는 것은 제다사 및 차문화사의 흐름에 맞지 않는 시대착오적인 일이어서 전통제다와 전통차문화의 정통성을 흐리게 하는 행태라고 할 수 있다.

다산의 증배제다

3

나오면서

지금까지 살펴보고 파악한 바와 같이, 문화재청이 전통제다를 국가무형문화재 제130호로 지정할 때 「중요무형문화재 지정 예고문」을 고시(告示)하여 '지정 사유'를 밝힌 바 있다. 그런데 이 예고문에 전통제다에 대한 명확한 정의가 없고, 남부지방 차산지에서 현행되고 있는 잡다한 제다 양태를 전통제다의 다양성으로 인식하는 등 현실에 대한 문제의식이 미흡했다는 아쉬움을 남겼다. 즉 전통제다의 개념, 양태, 내용, 전통성, 범위 등에 대한 정의와 구획 정리가 명확하지 않았다.

오늘날 한국 제다의 양상은 잡다하고 정체성 불분명한 제다가 뒤죽박죽된 혼란상이 정돈되지 않고 그 정도가 오히려 가중되고 있다. 특히 제다의 범주를 덖음차, 떡차, 발효차라고 한 것이 전통제다와 현대적 제다의 구별을 혼동하게 하는 등 한국 제다의 정체성 혼란을 가중시키고 있다는 지적이 있을 수 있다.

덖음차는 제다방식, 떡차는 차의 형태, 발효차는 차의 종류를 말하는 것이어서 이 셋을 제다의 범주로 다루는 것은 범주 구별 기준의 일관성이 없기 때문이다. 즉 덖음차에는 증제 덖음차도 있고, 떡차는 주로 증제차의 제다방식과 형태이고, 발효차는 증제 또는 덖음제다의 과정적 특성에 따른 차 종류를 말하는 것이기 때문이다.

현재 한국 제다는 '초의제다법'으로 알려진 덖음제다법(炒焙法)이 '전통제다'로 인식되고 있는 가운데 잡다한 제다방식이 혼재되어 정체성 상실의 혼돈 상태에 있다. 이에 따라 생산되는 차의 종류나 품질도 정돈·정제되지 않아서 한국 차의 정체성 문제를 야기하고 있다. 그뿐만 아니라 제다법은 차의 모든 내용을 결정하고 차는 다도 등 차문화의 핵심이라는 점에서 한국 제다의 혼란상은 대중의 차생활을 비롯한 차문화의 침체 및 차문화를 소비 기반으로 하는 한국 차산업의 침체로 이어지고 있다.

제다의 문화재 지정의 의의는, 문화가 면면이 이어지는 정통성과 계승선상의 다중이 동의하는 순수성을 전제로 한다고 볼 때 문화적 전통은 정통의 이어짐이어야 하고, 문화재적 가치로서의 제다는 정통적 전통 제다이어야 한다는 데서 찾을 수 있겠다. 그러한 전통제다로서의 한국 제다의 정의가 규정되고 표준이 제시될 때, 비로소 지금과 같은 제다의 혼란상이 어느 정도 바로잡히고 한국 전통차문화가 정체성을 찾아 대중의 차생활이 정상화되고 차산업도 번성할 것이다.

　그러나 지금까지 전통제다의 정체성이나 한국 차문화사상 의미에 관해서 한국 차계나 차학계에서 깊이 있게 논의된 바 없고, 관련 논문도 찾아보기 어렵다. 계명대 목요철학원에서 2022년부터 2023년까지 2년 동안, 매년 상·하반기 두 차례씩 한국 전통 차문화에 대한 학술심포지엄을 열고 있다. 그러나 매회 개회 시 인사말에서 목요철학원장은 소기의 만족할 만한 결과를 얻지 못하고 있다고 토로하고 있다.

　또 국립 순천대 지리산권문화연구원은 한국연구재단으로부터 18억 원의 연구비를 지원받아 2022년부터 6년 동안 '전통제다 기록화사업'을 수행하고 있다. 그러나 이 연구원 이욱 원장과 연구팀은 이 프로젝트와 관련하여 "(전통제다에 관해) 평가는 하지 않고 기록만 한다."는 원칙을 밝혔다. 이는 국립대 연구기관의 국비지원 학술연구 프로젝트에서 현재 혼돈 상태에 있는 잡다한 제다를 있는 그대로 인정하여 영구적인 학술적 자료로서 가치를 부여할 수 있다는 점에서 결과적으로 전통제다의 정체성 상실과 혼란상을 더욱 부채질하게 될 것이라는 우려를 갖게 한다.

　현행 한국 전통제다 혼돈의 원인이 무엇인지, 진정한 전통제다의 모습과 그 내용적 가치는 어떤지를 한국 제다사를 중심으로 살펴볼 필요가 있다. 그 방법으로는 한국 제다사상 중요한 자료인 조선시대 이운해의 『부풍향차보』, 이덕리의 『동다기(記茶)』, 다산 정약용의 『각다고』 및 「다신계절목」, 초의의 『다신전』과 『동다송』 등 옛 기록들을 분석해 보고, 보조 자료로서 다산과 초의의 제다 및 차에 관한 다산 자신의 차시, 다산과 초의 주변 인들의 차시(茶詩)들을 비교 분석하는 것이다. 이를 이후의 연구 과제로 남긴다.

Ⅱ

전통제다의 원형, 다산제다의
정체성 연구

한국의 독창적이고 우월한 전통제다법인 다산의 구증구포 단차(團茶) 및 삼증삼쇄
연고녹차 증배제다. (사)남도정통제다·다도보존연구소가 재현하고 있다.

1

서론

1) 문제 제기

이 논문의 목적은 현재 한국 차농업과 차산업이 겪고 있는 어려움을 이겨 내는 방법의 하나로 강진의 전통차와 야생차의 정체성 및 그 계승 방안을 탐구해 보자는 것이다. 이 시점에서 강진의 전통차와 야생차를 생각해 봐야 하는 이유는, 현재 한국 차농과 차산업이 처한 위기 상황의 본질적 요인을 한국 전통차와 전통 차문화의 정체성 상실이라고 볼 때 강진 전통차와 야생차가 한국 전통 차문화의 한 축을 차지한다고 할 수 있기 때문이다.

전통차와 차산업 및 이를 받쳐 주는 문화로서 양자가 국제적 브랜드가 된 일본 그린티와 일본 다도의 관계를 보더라도, 전통 차문화는 차산업 진흥의 문화적 스토리텔링으로써 차에 대한 수준 높은 인식과 소비 기반 구축의 디딤돌이 되어야 한다는 당위성을 갖는다. 따라서 한국 차농과 차산업의 부진은 근본 요인이 한국 전통 차문화의 정체성 상실에 있다는 전제가 가능해진다.

오늘날 한국 차인과 차농가 대부분은 현재 한국의 차, 차문화, 차산업이 총체적 위기에 있음을 피부로 느낄 수 있을 것이다. 한국 전통차의 상징이라고 할 수 있는 녹차의 국내 시장 상황을 보면 그 심각성을 확인할 수 있다. 2018년도 『식품유통연감』에 따르면, 전체 다류 대비 녹차의 비중은 1.2%에 불과했으며, 커피 대비 녹차의 비중은 0.7%에 불과했다. 그 이후의 사정도 1천 년 이상 존재 가치를 유지해 온 차문화의 실정이라고 믿기 어려울 정도다.

2022년 초에 한국차생산자연합회가 한국차자조회로 개편돼 차농가들 스스로 활로를 모색할 움직임을 보이고 있다. 또 농림축산식품부와 각 차산지 지자체에서 한국 차 진흥을 위한 각종 시책과 행사를 벌이고 있다. 그러나 그런 노력이 크게 성과를 내고 있다는 소식은 없다. 한국 차가 사경을 벗어나지 못하는 까닭이 무엇일까? 문제에 대한 잘못된 진단과 처방 때문은 아닌지 되돌아봐야 한다.

2023년에는 국비 43억 원 포함 총 147억 원의 예산으로 경남 하동에서 세계차엑스포가 열릴 예정이다. 이 행사에는 '세계'라는 말이 붙어 있지만 그 내용과 목적은 '하동차'라는 국지적 지역성 강조에 초점이 맞춰지고 있다. 또 각종 첨단 장비를 사용하여 하동차의 홍보에 중점을 둔다지만, 한국 차의 본질과 특성을 전통차의 정체성 확립 관점에서 설명하는 내용은 보이지 않는다.

최근에는 녹차로 대표되는 한국 차 침체의 대안으로 차 종류의 다양화를 비롯한 차의 기호성을 강조하는 경향도 보인다. 보성에서는 2022년 7월에 보성차문화연구회가 결성되었다. 이 모임 주축들은 2019년부터 보성차의 역사와 문화를 연구해 왔고 뇌원차 복원에 관여했다. 이들은 뇌원차 연구용역 보고서인 『고려황제공차-보성뇌원차』에서,

"녹차는 오래 보관이 힘들고 맛의 차이가 심해 널리 보급되기는 힘들다. … 발효차가 다시 주목을 받고 잎차뿐 아니라 덩이차 쪽으로도 소비자의 선택이 넓어지고 있다. 보성군도 이제 녹차 일변도에서 벗어나 차의 종류를 다양화할 필요가 있다."[1]

라고 하여 최근의 보이차 열풍에 편승하고자 하는 자세를 취하고 있다.

---

1   조기정 등 4인 저, 목포대 국제차문화 · 산업연구총서7 『고려황제공차-보성뇌원차』, 학연문화사, 2020, 376~377쪽.

한편, 대구 계명대 목요철학원에서는 2020년부터 3년 동안 매년 상·하반기에 차문화 학술심포지엄을 열고 있다. 이 심포지엄의 목적은 한국 차문화 정체성 확립이지만, 발표 수준이 다예·다례·다도를 구별하지 못하는 정도여서 주최 측이 한국 차문화의 정체성과 한·중·일 3국 차중 한국 차의 특성에 대해 더 명확히 규명해 달라는 추궁과 하소연을 하고 있는 실정이다.[2]

　그렇다 하여 이제껏 구체적인 한국 전통차 관련 주장이 전혀 없었던 것은 아니다. 이른바 '초의차' 계승 논쟁은 지금까지 계속되고 있다. 현재 한국 차계에는 초의차 계승자임을 자처하는 사람이 수 명에 이른다. 초의차 관련 전통식품명인 지정을 받은 사람이 있고, 초의 다맥 전수 입증서를 받았다고 주장하는 사람도 있다.

　또 연례 초의차 학술대회도 열리고 있다. 그 영향으로 한국 차계에 초의차가 전통차이고 초의의 덖음잎차 제다법이 전통 제다법이라고 생각하는 사람이 적지 않다. 그럼에도 불구하고 학술적 차원에서 볼 때 초의차에서 한국 전통차의 정통적 정체성을 인지하기는 어렵다. '초의차'나 초의차 제다법이 별다른 차별성이나 한국적 전통의 유래를 갖는다는 근거가 약한 탓이다.

2　계명대학교 목요철학원 목요철학 인문포럼 2021 하반기 차문화 학술심포지엄 "한국 차문화의 대중화" 토론 – 목철TV 유튜브 동영상 자료.

위와 같은 현상들은 일단 한국 차와 전통 차문화에 대한 학술적 인식의 정리가 미흡하거나 왜곡돼 있음을 보여 준다. 이런 가운데 계명대학교 목요철학원의 '차문화 학술심포지엄'은 한국 차 위기의 원인을 한국 차문화의 정체성 상실로 보고 해결책을 찾고자 하는 것으로서 이 논문의 주제와 맥락을 같이한다. 그러나 계명대의 차문화 학술심포지엄이 지금까지 다섯 차례 열렸음에도 아직 기대했던 답을 찾지 못했다는 것으로 미루어 보아, 이 연구의 주제가 더 무겁게 느껴진다.

2) 선행연구 검토

이 논문의 연구 대상인 다산의 제다 및 다신차의 성격과 관련해서 깊이 있는 연구로는 유동훈(목포대학교 국제차문화 · 산업연구소)의 「다산 정약용의 고형차(固形茶) 제다법 고찰」 등 소수의 몇 편이 있다. 그 밖에 다산 제다의 특성 및 다산차의 독창성과 다양성에 대해서는 피상적 접근과 추론 외에 실증적으로 심층 분석한 자료는 찾아보기 어렵다. 또 다산의 제다와 다도정신을 결부시켜 강진차를 문화적 · 인문학적으로 다룬 논문 역시 찾아보기 어렵다.

이처럼 차를 다도라는 개념과 연계시켜 동양사상 기반의 문화양상으로 다루지 못하는 경향성은 차학계 전반의 고질적 문제이기도 하다. 다산차 관련 연구에서 발견되는 더 근본적인 문제는 연구자들이 다산 제다의 취지와 내용을 제대로 파악하지 못하고 다산차의 내적 구조와 외형(團茶-내적 구조, 餠茶-외형, 茶餠-내적 구조 및 외형)을 혼동하고 있다는 것이다.

예컨대 정민은 제2회 강진 차문화학술대회(《다신계와 강진의 차문화》)(2017년 9월) 주제발표문 「다산과 강진의 차문화」에서,

"다산이 제다에서 증포, 증쇄, 배쇄 등의 여러 표현을 썼다. 표현의 차이는 떡차와 산차의 제다법 구분과 무관하다. 떡차에도 증쇄나 배쇄의 표현을 썼다."

라고 하면서 다산차는 떡차가 기본이고 초의차도 똑같다고 주장했다. 당대(唐代)에 찻잎을 쪄서 찧어 만든 떡차와 다산의 구증구포 단차(團茶), 焙(日曬) 잎차, 삼증삼쇄(三蒸三曬) 연고차를 구별하지 못하거나 구별할 생각을 하지 않고 다산의 차를 일률적으로 떡차(餠茶)라고 단정하고 있다.

이현정은 제4회 강진 차문화학술대회(《백운동과 차문화》)(2019년, 8월) 주제발표문 「백운옥판차의 역사와 미래가치 고찰」에서 병차(餠茶)와 다산이 이시헌에게 만들도록 한 삼증삼쇄(三蒸三曬) 차병(茶餠)을 구별하지 않았다. 그는 다산의 구증구포 제다

를 언급하면서 자신의 박사학위 논문인 「한국 전통 제다법에 대한 융복합연구」의 차 성분 분석 결과를 적용하여 다산의 삼증삼쇄는 구증구포의 번거로움을 덜기 위한 것이라고 했다.

그러나 이현정이 위 논문에서 구증구포(九蒸九曝)[3]라고 한 것은 덖음제다까지 포함한 산차(散茶) 제다 과정을 두고 말한 것이어서 이를 다산의 순수 증제(蒸製) 단차(團茶) 제다법인 구증구포와 연결하는 것은 정합성이 떨어진다. 다산이 말한 구증구포의 확장 해석이 삼증삼쇄의 정밀한 이해 부족으로 이어지고, 이런 삼증삼쇄의 해석으로써 다산 차병 제다 연유에 집중하기보다는 다산의 차병(茶餠)을 당대(唐代)의 병차(餠茶)와 같은 차류라고 생각한 것[4]으로 보인다.

박희순은 제5회 강진 차문화학술대회(〈다신과 강진의 차문화〉, 2021년 11월) 주제발표문 「강진의 차산지와 보림차에 관한 고찰」에서 "만든 형태에 따라 덩이 형태로 만들어진 단차(團茶), 용단, 봉단의 둥근 형태인 병차(餠茶)와 네모진 벽돌형으로 만들어진 전차(塼茶)가 있었으며…"라고 하여, 團茶와 餠茶 또는 塼

3　九蒸九曝의 曝는 뜨겁고 센 바람에 말린다는 의미로서 그늘이나 연한 햇볕에 말리는 曬와 구별된다.

4　당대의 餠茶는 찌고 절구에 찧고 틀에 넣어 치고 불에 쬐어, 꿰미에 꿰고, 봉하고… 하여 만들었다(晴, 採之, 蒸之, 搗之, 拍之, 焙之, 穿之, 封之, 茶之乾矣. -『다경』'三之造(차 만들기)'). 다산의 삼증삼쇄 茶餠은 삼증삼쇄하여 곱게 갈아 물에 괴여 떡으로 만든 고급 연고차였다.

茶, 즉 차의 내부 구조 모양을 보고 일컫는 차 이름5인 團茶와 외형을 보고 일컫는 餅茶 및 塼茶를 구별하지 못하고 있다.

또 『강진 야생수제 정차(떡차) 브랜드 개발 사업 연구용역 보고서』(2019~2020년 남부대학교 산학협력단)는 "한국 고유의 고형차(긴압차)"라 하여 고형차와 긴압차의 구별을 하지 못했고, 청태전 · 보이차 · 고려단차를 모두 떡차 또는 발효차류로 분류하여 제다의 이론 및 제다에서 결정되는 차 성분 구성에 따른 차 종류 분류 기준을 이해하지 못하고 있다. 또 강진 정차(떡차)를 녹차와 발효차가 아닌 다른 차인 것처럼 설정하면서도 그 차의 성분상 종류는 밝히지 않았다.

더 심각한 문제는 '강진차 성분분석 결과'(보고서 53쪽~54쪽)에서 차종류를 녹차, 발효차, 단차로 구분하고, 카테킨과 총아미노산 성분이 '녹차 → 발효차 → 단차'의 순서로, 아미노산의 일종인 테아닌은 '녹차 → 단차 → 발효차'의 순서로 각각 높아진다고 했다. 이는 차학 이론 및 제다법과 차 종류에 따른 차 성분 분석과는 거의 정반대의 결과이다.

---

5 團 자는 모인다는 뜻이어서 團茶는 절구에 찧지 않은 葉茶를 긴압한 것이라고 해야 한다. 즉, 團茶는 개별적인 잎차들이 잎 형태를 유지하면서 긴압된 상태의 내부 구조를 일컫는 이름이다. 예컨대 보이차가 단차이다. 보이차를 떡차라고 하는 것은 외부 형태를 일컫는 것이다. 塼茶도 벽돌처럼 생긴 외부 형태를 보고 부른 이름이다. 塼茶의 내부 구조는 團茶이거나 당대의 떡차와 같은 것일 수도 있다.

이런 오류들은 연구자들이 실제 현장 제다 체험이 없거나 한국 제다사를 면밀한 학술적 시각으로 관찰하지 않았고, 다산 제다법과 다산차 이름에 나오는 한자어를 관행적으로 중국 제다법 및 차 형태로 간주하여 경시한 데 따른 것으로 보인다. 다산의 제다와 차에 관한 연구에서 이런 오류들이 많은 것은 지금까지 다산차로 상징되는 강진 전통차에 대한 연구가 본 궤도에서 상당히 멀어져 있음을 보여 준다고 할 수 있다.

그 영향은 초의차에 대한 편향적 강조로 다산차가 묻혀 버린 한국 제다사와 차문화사의 왜곡 현상 고착화로 귀결된다. 특히 연례적으로 열리는 강진 차문화 학술대회 주제발표문에서 위와 같은 오류가 빈번히 눈에 띄는 것은 강진 차문화 학술대회뿐만 아니라 유사한 학술대회의 생산적인 지속가능성을 위해서라도 학구적으로 민밀히 김도·지적되어야 할 필요가 있다.

3) 연구 방법

「걸명소」와 「다신계절목」 등 다산의 강진에서의 차생활 관련 시문 및 서책의 기록, 「남차병서」와 「남차시병서」 등 다산에게서 차를 배운 것으로 알려진 초의의 차에 관한 기록, 『부풍향차보』와 『記茶』 등 한국 제다사 관련 기록들을 야생다원 현장에서 지속해 온 연구자의 전통차(야생차) 제다체험에 입각하여 분석하였고, 다산 차병(茶山 茶餅)은 실제 실험제다하였다. 연구에서 역점을 둔 것은 기존의 한국 제다사와 차문화사 고찰에서 피상적인 관찰로써 간과했거나 사실왜곡, 본말전도 등의 비학술적 요인에 의해 묻히거나 왜곡된 측면을 밝히는 것이었다.

특히 이 연구를 통해 지금까지 한국 제다사에서 거론되지 않은 다산 제다법의 독창성과 다산차의 특성 및 다양성을 구명(究明)하고자 했다. 또 이 글에서 '차'라고 함은 단지 물질로서의 찻잎이나 차탕만을 일컫는 게 아니라 차가 우리 삶 속에서 갖는 모든 관계적 범주까지 포괄한 독특하고 종합적인 문화양상으로서의 차, 즉 '차문화'의 개념으로 일컬어질 때 차의 가치와 차별적 의미를 갖게 된다는 점을 전제로 했다.

2

본론

1) 차별성 측면에서 본 강진 전통차의 의미

차에는 다른 식음료에는 없는 '다도(茶道)'라는 특유의 문화양상이 수반되고 있다. 다도의 개념은 육우가 『다경』을 지은 당나라 때부터 발의돼 지금까지 차와 더불어 한·중·일 삼국의 중요한 전통 문화[1]의 한 양상으로 자리매김돼 왔다. 따라서 전통차라고 할 때 우리는 차가 단순한 기호식품 차원을 넘어 조상들의 일상적 삶과 정신세계에서 수행한 역할과 기능, 그것이 우리의 세대에서 어떻게 시대적 가치로 구현되고 있으며, 미래세대에 어떤 모습으로 이어질 것인가를 문화적 화두로 삼아야 한다. 즉, 전통차는 조상들의 삶 속에서 창발(創發)된 문화복합체로서 후대의 삶에 대대로 이어져 온 차와 차문화를 말한다.

---

[1] 문명과 문화의 관계는 '文(꾸미다) → 文飾(꾸며서 장식함) → 文明(꾸밈의 축적) → 文化(문명 속 삶의 무늬)'의 과정으로 발전돼 왔다.

강진의 전통차란 지역적으로 강진에서 선현들의 창의정신으로 꾸려져 온 차와 차문화를 아우르는 개념이다. 여기에는 조선 후기 현철한 실학자이자 창의적 발명가로서 다산이란 인물이 중심축으로 있다. 또 강진 전통차를 '강진 야생차'라는 개념으로 대치시키는 경우도 있다. 강진 야생차란 다산이 제다와 차생활에 썼던 원료로서 찻잎의 순수성을 강조하는 말이자, 재배차가 주류인 오늘날 차로서 식음료의 자연친화성을 상징하는 말이기도 하다.

　따라서 강진 전통차라는 말에는 마땅히 찻잎의 원료로서 순수성인 야생차라는 개념이 포함돼 있다고 할 수 있으므로, 강진 야생차는 곧 강진 전통차의 다른 이름이라고 할 수 있다. 또 茶山이라는 한자어 말뜻은 '차가 많은 산'이므로 산에서 나는 강진 야생차를 상징한다. 이런 개념을 정리하자면 '다산차=강진 전통차=강진 야생차'라는 등식으로 표현할 수 있겠다.

　강진 전통차와 야생차를 분리해 생각할 수 없는 이유로 다음 몇 가지를 생각해 볼 수 있다.

　첫째, 다산이 다산초당으로 거처를 옮기면서 아예 호를 '茶山'이라 지은 것은 다산초당이 있는 산에 야생차가 많았기 때문일 것이다. 다산이 다산초당에서 야생찻잎을 원료로 전통차를 빚었다는 사실은 '다산-초당-야생차'라는 말을 한 묶음으로 하여

19세기 조선 후기 차에 대입한 자연친화적 인문(人文)의 상징이라고 할 수 있다. 실학자 다산의 눈에 이런 야생차 군락의 풍성함과 차로서의 순수함이 돋보였기에 다산은 자신의 호를 다산이라 했을 개연성이 높다.

둘째, 농사 또는 산업의 측면에서 볼 때 전통 차의 '전통'이라는 말 속에는 농사일에 있어서 인공 비료와 농약이 없었던 조선 시대 자연 농산(農産)의 순수성을 지칭하는 말이어서 차의 경우 이는 곧 '야생차', 즉 '전통차=야생차'라는 말과 동의어라고 할 수 있다.

셋째, 강진 전통차는 강진의 야생차와 실학자이자 유배객으로서 차에 의한 심신 건강을 기하고자 했던 다산의 창의성이 결합된 독특한 문화융복합체로서의 차별성을 지닌다. 이때 중요한 요소는 자연의 활성 에너시로서 야생차의 다신(茶神)이라고 할 수 있다.

2) 계승의 차원에서 본 전통 차문화와 강진 전통차

사전적 의미의 전통(傳統)은 예로부터 전해져 내려오는 문화나 유습(遺習)을 말한다. 그러나 문화나 유습은 시대적 요청에 따라 생겨나고 시대의 진전에 따라 변화·발전하므로 한때의 전통이 언제나 고정 틀에 묶인 채로 계승되거나 계승되어야 한다고 할 수는 없다.

즉, 계승이란 문제와 관련하여 전통을 생각할 때 계승할 만한 전통이란 다양하고 유사한 계통 중에서도 시대적 요구에 맞게 가치가 발현되는 바른 계통, 즉 '正統의 계승'이어야 한다. 따라서 전통차 또는 전통 차문화란 전해 내려오는 차 관련 문화적 내용이나 양상을 오늘날의 시대적 가치와 정신에 맞게 얼마나 생생하게 재현해 낼 수 있느냐의 문제라고 할 수 있다.

이런 맥락에서 먼저 전통차와 전통 차문화의 관계를 생각해 보자. 대체로 차라고 할 때 차는 차나무잎으로 만들어 낸(제다한) 완제품으로서 물질적인 차 또는 그것을 우려낸 차탕을 말한다. 그러나 차나 차탕은 완상품 또는 단순한 기호음료 역할에 그치는 것이 아니라, 그것을 마시는 이로 하여금 다도의 지향처인 정신적 고양의 경지에 닿게 함으로써 소임이 완수된다고 할 수 있다.

특히 차는 당대(唐代) 육우가 『다경』을 쓴 무렵부터 일찍이 다도(茶道)라는 각별한 문화양상을 수반해 왔고[2], 노동의 「칠완다가」를 전범(典範)으로 하여 한재 이목의 「다부」와 초의의 「동다

---

2 봉연은 『봉씨견문기』에서 '다도'라는 말을 도입했고, 교연은 시 「삼음다가(三飮茶歌)」에서 飮茶에 의한 득도의 개념을 표현했다.

송」에 이르기까지 차의 덕성을 빌려 차가 발휘하는 다도 수양론적 기능이 강조돼 왔다. 다산 역시 「걸명소」[3]에서 차를 약용으로 겸한다는 말과 함께 수양의 매체로 활용하고 있음을 내비쳤다.

이처럼 차와 차문화는 불가분의 관계로서 차는 차문화 범주의 한 요소라고 할 수 있다. 이런 맥락에서 볼 때 전통은 계승할 만한 가치에 초점이 맞춰져야 하고, 전통차는 마땅히 다도라는 문화적 가치가 동반되어 계승되어야 하는 차라고 할 수 있다. 즉, 전통차란 차 완제품이나 차탕만이 아니라 차를 만들고 마시는 절차 · 행위 · 목적 등에서 나타나는 일련의 현상과 결과물을 아울러서 차문화라는 이름으로 계승되는 문화 종합체여야 한다.

따라서 강진 전통차 역시 전통 차문화의 범주에 속하는 개념이어야 하고, 강진 전통차는 필수적으로 수반되는 일련의 강진적 전통 차문화와 함께 거론되어야 한다. 이런 의미로 강진 전통차를 살펴볼 때는 단순히 강진 전통차의 단일한 완제차 제품이나 외형뿐 아니라 강진 전통차의 기원과 자연 · 인문 · 역사적 환경, 제다법, 차의 종류와 특성, 다도 및 다도정신, 전통차를

---

3   旅人/近作茶饕/兼充藥餌/書中妙解/全通陸羽之三篇/病裏雄蠶/逢竭盧仝之七椀 … 朝華始起/浮雲晶晶乎晴天/午睡初醒/明月離離乎碧澗…

인문의 장에 있게 한 중심인물의 성격 등을 종합적으로 다루어야 한다.

이런 기준으로 볼 때, 기록상 강진 전통차는 유배객 다산에 의해 다산초당에서 다산의 야생차를 원료로 한 제다 및 차의 종류와 품질, 그런 차를 제다한 다산의 차 이념 등 다양한 관련 차문화 양태들이 정립된 복합 문화체이다. 동시에, 다산 해배 후에도 다신계라는 전무후무한 차 중심 모임을 기반으로 다산이 차로써 제자들과 소통하여 명맥이 유지되었다는 점, 그런 맥락에서 오늘날에도 그 계승적 가치가 논의되고 있다는 점에서 강진 전통차는 다른 필적할 만한 대상이 없는 야생차 기반의 한국 전통차와 전통 차문화의 정통이자 원형이라고 할 수 있겠다.

3) 한국 전통차의 원형으로서 강진 전통차의 정통성

가. 중국 제다사와 한국 제다사 비교

차문화를 구성하는 제다법, 차 종류, 음다법, 다기의 특성, 다도정신 등 제반 요소들은 제다발전사와 거의 동일한 궤적을 그려 왔다. 강진 전통차의 전통성과 정통성을 파악하는 데는 중국 제다사와 한국 제다사를 비교해 봄으로써 강진 전통차가 어느 위치에 있는지를 살펴보는 것이 실증적이고 과학적인 방법일 것이다. 먼저 중국 제다사와 한국 제다사 및 각각 그것에 동반 포괄된 차종류 및 음다법 등 제반 요소를 표로 나타내면 아래와 같다.

【중국 제다사】

시대 구분	당(唐)		송(宋)		명(明)·청(淸)
제다법	生茶, 蒸製	蒸-焙- 研(膏)	蒸-壓(膏)- 乾-研(膏)	蒸-榨(자)- 研(膏) → 造茶-過黃	炒製(炒焙) (산화후 炒焙)
차종류	餠茶	초기 연고차 茶餠	중기 연고차 茶餠	후기 연고차 茶餠	잎차(散茶) *炒焙 靑茶
음다법	煮茶法, 煎茶法	點茶法	點茶法	點茶法	泡茶法
다기	(월주요) 靑磁	黑磁	黑磁	黑磁	白磁
근거	『茶經』 (陸羽)	『畵墁錄』 (북송張舜民)	『大觀茶論』 (북송 휘종)	『北苑別錄』 (남송, 趙汝礪)	『茶錄』 (명, 張原)

【한국 제다사】

시대 / 구분	신라	고려	조선					
제다법			생배	증배	구증구포	焙.蒸焙	三蒸三曬	炒焙
차형태·종류	중국餠茶 (녹차→산화차)	뇌원차 등 餠茶,茶餠 (연고차)	부풍향차 (餠茶)	散茶 (종이포장)	團茶 (내부구조)- 餠茶(외형)	葉茶 餠茶	茶山 茶餠 (연고차)	散茶
음다법	煎茶法	전다법 (點茶法)	(전다법)	(포다법)	전다법 (보림백모- 전다박사)	포다법, 전다법	(점다법)	포다법
다기		청자		(백자)	(백자, 청자)	(백자)	(백자)	(백자, 옹기)
근거	쌍계사 진감국사비	고려사	『扶風鄕茶譜』 李運海	『記茶』 李德履	이유원의 시 「죽로차」	「다신계절목」	다산의 편지	『동다송』
연대			1757	1783	1808~1819	1819~	1830~	1837

　표를 보면 중국 제다사에서 제다법과 그에 따른 차의 형태는 대체로 '蒸製 떡차(餠茶)(唐) → 蒸焙(蒸製) 硏膏茶(宋) → 炒焙 잎차(明)'의 형태로 발전돼 왔으며, 차 종류는 모두 녹차를 지향하였고(명말청초에 산화차류가 나오면서 차의 기호화 경향 발생), 음다법은 '(煮茶法)煎茶法 → 點茶法 → 泡茶法' 순으로 발전돼 왔다.

　이에 비해 한국 제다사는, 신라시대에는 음다에 관한 기록만 있어서 이것으로 당시 차 종류와 음다법을 추론할 수 있다. 대표적인 예로 최치원이 쓴 「쌍계사 진감국사비문」에,

　한명(漢茗, 중국차)을 공양으로 바치는 자가 있으면 땔나무로 돌

가마솥에 불을 지피고 가루로 만들지 않고 그대로 끓이면서 말하기를 '나는 맛이 어떤지 분별하지 못한다. 다만 이 차로 뱃속을 적실 따름이다.'라고 말하였다. 참된 것을 지키고 속된 것을 싫어함이 모두 이와 같았다.

라는 기록에서 중국 떡차를 전다법으로 음용한 것임을 알 수 있다. 고려시대엔 뇌원차 등 몇 가지 차류의 이름이 나오고 茶時 제도를 운영하였으며, 팔관회와 연등회 등 국가적 불교 행사에서 차를 썼다는 기록은 있으나 그 차들의 종류 · 품질 · 형태 · 제다법 등에 관한 기록은 없다.

한국 제다사와 차문화사는 뚜렷하고 다양한 관련 기록이 나타난 조선시대에 들어와서 본격적으로 전개되었다고 할 수 있다. 한국 최초의 제다 기록은 1/57년 부안현감 이운해(李運海)가 쓴 『부풍향차보(扶風鄕茶譜)』이다. 이 기록 '차본(茶本)' 항에 "探嫩牙 搗作餠 並得火良(어린 싹을 채취하여 짓찧어 차떡을 만들고, 불에 잘 말린다)"라는 말이 나온다. 이는 생잎을 찧어 차병을 만들기까지 생잎 상태로 카테킨 산화가 어느 정도 진전된 것을 불에 말린 生焙法(산화차) 제다라 할 수 있다.

이어 26년 뒤인 1783년 이덕리(李德履)는 『기다(記茶)』를 써서 '차사(茶事)' 항에서 이전에(당대에) 유행했던 떡차의 문제점을 지적하고 노동의 시를 실어 엽차(녹차)의 효능을 강조함으로써 차의 본질과 과학적 이론에 입각한 본격적인 제다론을 피력하였다.[4] 또 '차조(茶條)' 항에서는 찻잎을 찌고 불에 쬐어 말리는 방법(蒸焙法) 및 "일본 종이를 사 와서 포장하여 도회지로 나누어 보낸다."고 하여 최초로 증배 제다에 의한 산차(散茶)로서 엽차(葉茶) 또는 團茶의 종이포장법을 소개하였다. 이는 뒤에 초의가 초배(炒焙) 團茶를 대나무껍질로 포장한 것[5]보다 50여 년 앞선 선진 포장법이었다.

이제 한국 제다사는 『부풍향차보』의 생배법(生焙法) 향차(鄕茶) 제다와 『기다』의 증배법(蒸焙法) 散茶(녹차) 또는 團茶 제다의 기록을 디딤돌로 하여 다산의 세 단계 제다인 ① 다산초당 시절 九蒸九曝 團茶 제다 → ② 해배후 '다신계' 중심의 제다 → ③ 1830년 이시헌에게 지시한 '다산 차떡' 제다의 기록으로 이어진다.

이 과정에서 다산의 제다법과 차 종류는 위 표에서 보는 바와

4　"옛사람은 '먹빛은 검어야 하고, 차 빛깔은 희어야 한다.'고 했다. 색이 흰 것은 모두 떡차에 향약(香藥)을 넣고 만든 것이다. 월토(月兎)니 용봉단(龍鳳團)이니 하는 따위가 이것이다. 송나라 때 제현이 노래한 것은 모두 떡차다. 하지만 옥천자 노동의 「칠완다가」의 차는 엽차다. 엽차의 효능은 대단했다. 떡차는 맛과 향이 더 나은 데 지나지 않았다. 또 앞쪽의 정위와 뒤쪽의 채양이 이 때문에 나무람을 받았다. 그럴진대 굳이 그 방법을 구하여 (떡차를) 만들 필요는 없다."(정민·유동훈, 『한국의 다서』, 2020, 김영사, 90쪽.)

5　박동춘, 『초의선사의 차문화 연구』, 일지사, 2010, 230쪽(1878년 지은 범해의 시 「초의차」 인용)

같이 ① 구증구포 蒸曝(曬) 團茶(녹차) → ② 焙(曬) 葉茶(녹차)와 餠茶(團茶?)[6] → ③ 삼증삼쇄 차떡 茶餠(研膏茶, 녹차)으로 진전되는 모습을 보이며 차의 본래성(本來性)인 녹차의 차성(茶性)을 고수한 일관성 위에서 독특하고 다양한 형태로 나타났다.

나. 다산과 강진 전통차가 한국 차문화사에서 차지하는 자리

① 다산 제다 및 다산차의 가치 인식 오류와 한국 차문화사의 왜곡

다산차 관련 연구에서 발견되는 근본적인 문제는 연구자들이 다산 제다법의 취지·원리·내용을 제대로 파악하지 못하고, 다산차 완제품의 안쪽 구조와 외형(내부 구조-團茶, 외형-餠茶, 구조·형태-茶餠)에 대한 지칭을 혼동하고 있다는 것이다. 또 차의 외형을 두고 덩이차라는 의미에서 團茶라 하고 떡 모양처럼 생겼다고 해서 餠茶[7]라고 하는 등 혼용하는 사례가 많다.

예컨대 정민은 제2회 강진 차문화학술대회(《다신계와 강진의 차문화》)(2017년 9월) 주제발표문 「다산과 강진의 차문화」에서 "다산이 제다에서 증포, 증쇄, 배쇄 등의 여러 표현을 썼다. 표현의

---

6 「다신계절목」에 "穀雨之日 取嫩茶 焙作一斤 立夏之前 取晚茶 (焙, 蒸?)作餠二斤 右葉茶一斤 餠茶二斤 與詩札同付"라고 한 데서, 이때 餠茶는 葉茶를 긴압한 團茶였을 가능성이 있다.

7 옛 茶詩에서 餠茶를 낱개로 셀 때는 茶餠이라고 한 사례도 보인다.

차이는 떡차와 산차의 제다법 구분과 무관하다. 떡차에도 증쇄 또는 배쇄의 표현을 썼다."면서 다산차는 떡차가 기본이고 초의차도 똑같다고 주장했다.

정민은 이 글에서 다산이 잎차를 언급하기도 했지만 '잎차'란 증쇄 과정을 떡차 만들 때와 똑같이 거쳐 빻기 직전 단계의 모습이라고 보고, 다산이 1년에 수백 근씩 만든 차는 어디까지나 떡차였다고 주장했다. 즉, 다산이 빻는 과정은 말하지 않았지만 잎차는 빻기 전 모습일 뿐 다산차는 모두 빻아서 만든 떡차였다고 단정한 것이다.

이는 정민이 「다신계절목」의 '穀雨之日 取嫩茶 焙作一斤 立夏之前 取晚茶 作餠二斤 右葉茶一斤 餠茶二斤 與詩札同付'라는 문구를 자의적으로 해석하여 다산 제다와 다산차의 독창성과 다양성을 간과하는 오류를 범한 것이다. 다신계원들은 해마다 떡차가 아닌 최고급 녹차성 백차인 우전 葉散茶를 만들어 다산에게 보냈다. 윗글 후미 쪽에 나오는 葉茶와 餠茶는 분명히 대비되는 다른 차이다.

정민은 또 다산 제다의 '蒸焙', '蒸曬', '焙曬'라는 용어를 곧바로 떡차 제다 용어라고 단정했다. 그러나 증배, 증쇄, 배쇄는 제다공정상 모두 살청의 방법으로서 '빻는다'는 후속 과정과 직결되는 것은 아니다. 다산의 언급이나 다산차를 언급한 글에서 위와 같은 제다 살청 관련 용어들을 볼 수 있지만, 다산이 이시헌에게 보낸 편지 외에 어디에서도 다산 제다에서 찻잎을 찧었거나 빻았다는 말을 찾을 수 없다. 또 다산의 편지에서 '마른 잎을 곱게 가루 내어 만든' 연고차 茶餠(차떡)은 젖은 잎을 짓찧어 만든 餠茶(떡차)와는 다른 것이다.

정민의 주장과 달리 다산차는 이시헌이 만든 연고차류(茶山茶餠) 외에 焙·曬·蒸焙(晒) 잎차 또는 그런 잎차를 긴압한 團茶였을 것이라고 보는 것이 제다 원리상 합리적인 추론일 것이다. 예컨대 구증구포한 다산차는 團茶(내부 구조) 성격의 餠茶(외형)이고 삼증삼쇄한 차는 연고차류의 차떡(餠茶가 아닌 茶餠) 형태였을 것이다.

정민은 범해의 「초의차」에 나오는 '栢斗方圓印'이라는 문구를 인용하여 "모양 틀에 찍어 냈고 이를 죽피(竹皮)로 포장했으니" 떡차라고 주장한다. 그러나 요즘 청태전의 경우에서 볼 수 있듯이 찧어서 만든 떡차는 차향 보전상 이유로 포장할 필요가 없거니와 군이 죽피로 포장할 이유도 없다.

한편, 박영보(朴永輔, 1808~1872)의 「남차병서(南茶幷序)」에서는 "법제는 거칠어도 맛은 좋다(法樣雖疆味則然)", "두강으로 잘 만든 團茶를 가져왔네(頭綱美製携團圓)"라고 했다. 또 자하 신위는 초의차를 받고 초의에게 보낸 「북선원속고(北禪院續稿)」에서 초의차를 '보림백모(寶林白茅)'라고 명명했고**8**, 이유원(李裕元, 1814~1888)의 『가오고략』 중 「죽로차」라는 시에서는 이같이 기록 되고 있다.

보림사는 강진 고을에 자리 잡고 있으니 / … / 어쩌다 온 해박 한 정열수 선생께서 / 절 중에게 가르쳐서 바늘싹을 골랐다네 / … / 구증구포 옛법 따라 법제하니 / … / 초의스님 가져와서 선물 로 드리니 / 백 번 천 번 끓고 나자 해안(蟹眼)이 솟구치고 / 한 점 두 점 작설이 풀어져 보이누나

여기 나오는 거칠다(麤), 團圈(단환), 寶林白茅는 구증구포한 다산차가 빻아서 만든 떡차가 아니라 잎차를 긴압한 단차였음 을 말해 준다. 특히 「죽로차」는 초의가 가져온 다산의 구증구포 차가 '바늘싹'으로 만들어졌기에 전다법으로 끓이자 단차로 뭉 쳐져 있던 작설 바늘잎이 풀어져 나오는 모습을 묘사하고 있다.

또 윤치영(尹致英, 1803~1856)이 1862년경 강진 만불차에 대해 쓴 「벽은혜병차(碧隱惠餅茶)」에는 다음과 같은 대목이 나온다.

"煎之花瓷 宜蟾背芳香 如蜀嫗之粥"

---

8   박동춘, 『초의선사의 차문화 연구』, 20쪽.

화자에 달이자 섬배의 방향이 알맞아서 촉나라 노파의 차죽과
같았다.

여기서 섬배(蟾背)는 떡차(餠茶)를 불에 구웠을 때 갈라진 균열
의 모양이라고 했는데,[9] 구증구포하여 가루 내어 다시 물에 이
겨서 말린 茶餠(唐代 餠茶가 아닌)에서 더 많이 볼 수 있는 현상이
다. 또 떡차를 덩이째 넣어 끓이자 나중에는 풀어져서 차죽과
같은 상태가 되었다[10]는 것은 다산이 1830년 이시헌에 보낸 편
지에서 "찰져서 먹을 수 있네."라고 하여 삼증삼쇄 차떡을 만들
어 보내라고 지시한 내용과 같은 맥락이다. 즉, 다산은 團茶 구
조의 餠茶 형태 및 연고차(研膏茶) 구조의 차떡(茶餠)을 만들었다
고 볼 수 있다.

이현정은 제4회 강진 차문화학술대회(〈백운동과 차문화〉)(2019
년, 8월) 주제발표문 「백운옥판차의 역사와 미래가치 고찰」에서
일반 餠茶와 다산이 이시헌에게 삼증삼쇄 제다법을 가르쳐 만
들도록 한 茶餠의 다름을 인식하지 못하였다. 그는 다산의 구
증구포 제다를 언급하면서 자신의 박사학위 논문인 「한국 전통

---

9 제2회 강진 차문화학술대회 자료집 『다신계와 강진의 차문화』, 2017년 9월, 17
쪽.

10 위 자료집, 17쪽.

제다법에 대한 융복합연구」의 '구증구포 제다법에 따른 차 성분 분석' 결과를 인용하여 다산의 삼증삼쇄는 구증구포의 번거로움을 덜기 위한 것이라고 했다.

그러나 위 논문에 제시된 사진 및 관련 내용을 보면 이현정의 분석은 각각 아홉 번 찌고 덖어 말리는 초(炒)·증제(蒸製) 散茶 제다를 대상으로 포함시킨 것이어서 이를 다산의 증배(蒸焙) 단차(團茶) 제다법인 구증구포와 연결시키는 것은 논리적 정합성을 결여한다.

즉, 고도의 정밀성을 요하는 박사학위 논문에서 다산이 말한 구증구포(九蒸九曝)의 의미와 내력을 규명하지 않은 채 초제(炒製) 및 증제(蒸製) 산차(散茶) 제다의 실험 결과를 다산의 각각 다른 제다법과 다른 차인 九蒸九曝 團茶 제다 및 삼증삼쇄(三蒸三晒)[11] 차떡 제다에 일률적으로 적용함으로써 삼증삼쇄를 구증구포의 축소형으로 오해하였고, 삼증삼쇄로 차떡을 제다한 연유를 이해하지 못하여 다산의 茶餠을 당대(唐代)의 餠茶와 구별하지 못했으며, 그 결과 團茶와 餠茶를 단순히 외형에 대한 동일한 지칭으로 이해하고 있는 것으로 보인다.

당대의 餠茶는 찌고 절구에 찧고 틀에 넣어 치고, 불에 쬐고, 꿰미에 꿰고, 봉하고 하여 만들었다(蒸之, 搗之, 拍之, 焙之, 穿之,

11 九蒸九曝와 三蒸三晒에서 曝·晒를 구별한 것은 큰 찻잎과 여린 찻잎의 차이에 따른 것으로 보인다.

封之, 茶之乾矣. —『다경』‘三之造(차 만들기)’). 그러나 다산의 삼증삼쇄 茶餠은 삼증삼쇄하여 곱게 갈아 돌샘물에 괴어 떡으로 만들어 말린 고급 연고차(研膏茶)였다.

박희준은 제5회 강진 차문화학술대회(〈다산과 강진의 차문화〉) (2021년 11월) 주제발표문「강진의 차산지와 보림차에 관한 고찰」에서 "만든 형태에 따라 덩이 형태로 만들어진 團茶, 용단, 봉단의 둥근 형태인 떡차와 네모진 벽돌형으로 만들어진 塼茶가 있었으며…"라고 하여, 團茶와 餠茶 또는 塼茶, 즉 차의 내부 구조 모양을 보고 일컫는 차 이름인 團茶와, 외형을 두고 일컫는 餠茶 및 塼茶를 구별하지 못하고 있다. 團字는 '모인다'는 뜻이다. 團茶는 절구에 찧지 않은 葉茶 또는 곱게 간 입자들을 개체성을 유지시킨 재 모아 긴압한 것이라고 보는 게 적절하다.

즉, 團茶는 잎차나 분말들이 개별적인 존재적 형태를 유지하면서 긴압된 상태의 내부 구조를 두고 일컫는 이름이다. 예컨대 보이차가 단차이다. 보이차를 餠茶라고 할 때는 외부 형태를 일컫는 것이다. 塼茶도 벽돌처럼 생긴 외부 형태를 보고 부른 이름이다. 塼茶의 내부 구조는 잎차가 긴압된 團茶일 수도 있고 젖은 잎차를 짓찧어서 잎의 개체적 형태를 잃은 '반죽'을 벽돌 모양의 틀에 찍어 낸 당대의 餠茶와 같은 것일 수도 있다.

『강진 야생수제 정차(떡차) 브랜드 개발 사업 연구용역 보고서』(2019~2020년, 남부대학교 산학협력단)는 33쪽에서 "한국 고유의 고형차(긴압차)"라 하여 고형차(餠茶)와 구별을 하지 못했고, 청태전 · 보이차 · 고려단차를 모두 떡차 또는 발효차류로 분류하여 제다의 이론 및 제다에서 결정되는 차 성분 함량 구성에 따른 차종류 분류 기준을 이해하지 못하고 있다. 또 강진 야생 수제 정차(떡차)의 정체성(제다법, 차의 종류 및 성분상 특성)에 대한 명확한 구명(究明) 없이 녹차와 발효차가 아닌 다른 차인 것처럼 설정하면서도 외형상 지칭 외에 그 차의 성분상 종류는 특정하지 않았다.

무엇보다 심각한 것은 각각 2 · 3차 연구용역보고회에 제시된 '강진차 성분분석 결과'(2차 53쪽~54쪽, 3차 78쪽)에서 차 종류를 녹차 · 발효차 · 단차로 구분하고, 첫 번째 분석(2차 보고회)에서 차의 3대 성분 중 카테킨은 '녹차(10.12%) · 발효차(12.95%) · 단차(강진 정차, 13.73%)'로 "단차의 카테킨 함유량이 가장 높았고", 테아닌은 '녹차(0.72%) · 단차(1.55%) · 발효차(1.68%)'라고 하여 "(단차)의 테아닌 성분이 녹차보다 훨씬 높게 나왔다."고 평가한 것이다. 이 성분 분석 결과는 기존의 일반적인 차 성분 분석 결과와는 정반대의 내용이다.

학계의 차 성분 분석 자료에 따르면 제다 이론에 입각한 차 종류별 각 성분 함량은 카테킨은 '녹차 · 단차(산화차로서 떡차) · 발효차(보이차류)' 순이며, 테아닌도 '녹차 · 단차 · 발효차'의 순

이다. 카테킨은 카테킨 산화요소에 의해 분해되므로 '녹차 →
단차(산화차인 떡차) → 발효차(보이차류)' 순으로 산화도가 진전될
수록 함량이 줄고, 테아닌은 미생물효소에 의해 분해되므로 역
시 '녹차 → 단차 → 발효차' 순으로 함량이 줄어든다.

따라서 위 '강진차 성분분석 결과'는 기존의 학설과 정반대
의 결과여서 간과할 수 없는 오류의 표현이라고 할 수 있다. 또
1·2차 성분 분석 결과가 소수점 이하 두 자리 수까지 동일한
것도 신뢰성에 의문을 제기한다.

이 보고서는 또 5쪽에서 연구용역의 목적을 'o 다산, 혜장,
추사, 초의와 다신계 결성 등 우수한 역사가 살아 숨쉬는 강진
의 전통 차문화 계승, o 야생차를 원료로 하여 다산의 제다법으
로 만드는 강진 야생수제 정차(떡차)의 치별화된 이미지 확보'라
했고, 32쪽에서 "떡차 시장의 가능성을 높게 보는 것은 이른바
보이차 시장으로 대별되는 떡차류 시장이 대중적 이미지를 확
보하고 있기 때문"이라고 했다. 이 주장은 唐代의 떡차(餅茶)와
최근의 團茶로서의 보이차의 내부 구조와 외형에 대한 이해 부
족은 물론 제다발전사 및 제다 원리에 대한 기초적 이해가 없는
데 따른 오류라고 할 수 있다.

특히 "보이차 시장으로 대별되는 떡차류 시장이 대중적 이미
지를 확보하고 있다."는 주장은 보이차(團茶)를 청태전과 같은

일반적 餅茶로 보는 오류와 함께 차 시장 상황의 사실과도 괴리가 있는 것이고, 보이차와 떡차의 이미지를 정차(丁茶)의 개념에 연계시켜 '강진 정차'를 떡차라 하고 다산의 제다법으로 만들었다고 한 것에서는 사실을 도외시한 의도성이 엿보인다.

만일 '강진 정차'의 근거를 "신라 역사에, 흥덕왕 때 재상 대렴이 당나라에 가서 차나무 씨를 얻어 지리산에 심었다. 향과 맛이 당나라보다 낫다고 한다. 또 해남에는 옛날에 황차가 있었는데, 세상에 아는 사람이 없었다. 다만 정약용이 이를 알았으므로 이름을 정차(丁茶) 또는 남차(南茶)라고 한다."[12]는 조재삼(趙在三)의 『송남잡지(松南雜識)』「화약류(花藥類)」의 '황차(黃茶)'에 실려 있는 기사에 두고 있다면, 이는 아전인수식 기사 해석에 따른 판단 착오라고 할 수 있다.

여기서 언급된 황차(黃茶)는 이덕리의 『기다(記茶)』에 나오는 황차와 같은 것으로서, 1762년 강남 절강 상선이 표류돼 와서 조선에 퍼진 청대(淸代)의 靑茶(오룡차)류 또는 산화 餅茶라고 보는 게 타당하다. 즉 이때의 '정차'는 다산이 제다한 것이 아니라 다산이 알고 있었다는 의미로서 '정차'로 불렸으며, 다산이 제다하지 않은 제3의 차라는 의미에서 '남차(南茶)'라고도 했던 것

---

12 정민, 『새로 쓰는 조선의 차문화』, 김영사, 2011, 125쪽.

으로 보인다. 강진 정차를 산화계통 떡차로 보는 것은 다산 제다의 차의 본래성 고수를 위한 녹차 지향 원칙에도 부합하지 않는다.

　이런 오류는 연구자들이 실제 현장 제다 체험이 없거나, 제다를 차의 성분 변화에 입각한 제다이론이라는 학구적 방법으로써 관찰하지 않았고, 다산 제다법과 차 이름의 한자어를 관행적으로 중국 제다법 및 차 형태로써 이해하는 차 사대주의 경향에 젖어 있는 탓으로 보인다. 다산 제다와 차에 관한 연구에서 이런 오류들이 많은 것은 다산차로 대표되는 강진 전통차에 대한 근래의 연구가 본 궤도에서 상당히 이탈해 있음을 보여 준다고 할 수 있다.

　그 영향은 지금까지 초의차 등 일부 제다법과 차에 대한 편향적 강조와 사실 왜곡으로 디산차가 묻혀 버린 한국 제다사와 차문화사의 왜곡 현상을 바로잡을 만한 논리의 부재로 귀결되고 있다. 강진 차문화학술대회 주제발표문에서 위와 같은 오류가 빈번하게 발견된다는 사실은 발표자들이 본질적이고 거시적인 문제에 정밀하게 집중해야 할 필요성과 경각심을 불러일으킨다.

② 다산 제다 및 다산차의 특성 분석

위에서 살펴본 바와 같이 강진 전통차의 궤적은 다산이 다산 초당에 거처를 둔 11년(1808~1819) 동안 다산에서 난 야생찻잎으로 제다를 한 초기, 해배 이후 강진 제다들에게 '다신계'를 중심으로 한 제다를 지시하며 차로써 소통한 중기, 1830년 강진 제자 이시헌에게 '다산 차병'¹³ 제다의 지침을 전한 후기 등 세 단계로 나누어 각기 독특하고 다양하게 진화 · 전개된 특색을 띤다.

다산이 다산초당에 들기 3년 전인 1805년 혜장에게 보낸 걸명시를 보면, 다산은 이미 차와 다도에 관한 이론을 섭렵하고 있었으나 아직 직접 제다를 할 환경을 갖추지 못하여 다산초당 옆 백련사의 혜장에게 차를 구하고자 했음을 알 수 있다. 이때 혜장은 차가 무성한 다산의 만불사에 있었으므로 제다의 조건이 완비돼 있었다. 이때는 다산이 혜장을 만난 지 얼마 되지 않았을 때인데 걸명시(「惠藏 상인에게 차를 청하며 부치다(寄贈惠藏上人乞茗)」)에는 "모름지기 쬐고 말림 법대로 해야(焙曬須如法)"라고 배쇄법(焙曬法)을 알려 주는 대목이 나온다.

또 다산이 유배되기 20여 년 전에 나온 이덕리의 『기다(記茶)』에 진도 일대 사찰에 증배법 제다가 시행되고 있었다고 하니,

---

13　당대의 餠茶와 구별하기 위해 '茶山 茶餠'이라 함.

이 무렵 완벽한 이론으로서 확립되진 않았을지라도 남도 일대 사찰과 민간에서 나름대로 진전된 제다가 행해지고 있었음을 알 수 있다. 이후 다산이 「각다고」를 남긴 사실로 미루어 다산은 『기다』의 차산업·무역론도 참조했을 것으로 생각된다.

먼저 다산 제다 초기인 다산초당 시절의 제다법과 차는 이유원의 시[14] 및 다산 자신의 시[15]에서 알 수 있듯이 九蒸九曝 蒸曬(曝)法 제다의 團茶였다고 할 수 있다. 박동춘은 "정약용이 구증구포 제다법을 승려들에게 가르쳤다고 했으나 실제 구증구포법은 제다사에서 제다법의 유형으로 제시된 적이 없다."[16]며, 이유원이 유학자의 입장으로 『임하필기』를 편찬하는 과정에서 범한 오류라고 주장하고 있다.

그러나 위에서 본 바와 같이 이유원뿐만 아니라 다산 자신도 구증구포를 언급하였으므로, 다산의 구증구포 제다법은 '제다사의 유형'이 아니라고 한마디로 치부할 것이 아니라, 다산이 치밀한 실학자이자 창의력을 발휘한 발명가였다는 사실을 기반으로 각별히 주의하여 살펴볼 필요가 있다.

---

14 이유원의 문집 『가오고략(嘉梧藁略)』 중 「죽로차」라는 시에 "증구폭구안고법(구증구포 옛 법 따라 안배하여 법제하니)"이라는 대목이 나온다.

15 다산의 「次韻范石湖丙午書懷十首簡寄淞翁」에 "지나침을 덜려고 차는 구증구포 거치고(洩過茶經九蒸曝)"라는 대목이 나온다.

16 박동춘, 『초의선사의 차문화 연구』, 136쪽.

우선 구증구포라 하여 九자를 사용한 이유이다. 다산은 역저 『주역사전(周易四箋)』을 남긴 주역 해석의 대가였고 혜장도 다산의 해박한 주역 지식을 찬탄한 바 있다. 주역에서 9는 양수의 대표로서 강한 활동성을 상징한다. 구증구포는 아홉 번 찌고 아홉 번 햇볕에 말린다는 뜻 외에 정성껏(철저히) 찌고 말리라는 뜻으로, 차의 강한 기운을 덜어 내는 효과와 함께 살청을 철저히 하여 카테킨 산화로 인한 떡차류의 갈변 현상을 막고자 한 목적이 컸다고 봐야 한다. 이는 다산이 읽은 『다경(茶經)』 '사지기(四之器)'의 '완(碗)' 항목17과 같은 맥락, 즉 녹차의 차성(茶性) 고수 원칙의 깊은 의미를 지닌다고 할 수 있다.

다산 제다 중기 현상으로서 녹차로서의 차의 본질(茶性) 고수 원칙은 '다신계 절목'에서 규정한 "곡우 날엔 어린 차를 따서 1근을 불에 쬐어 말려 만든다. 입하 전에는 늦차를 따서 떡차 2근을 만든다. 잎차 1근과 떡차 2근을 시와 편자와 함께 부친다."18라는 대목에서 나타난다. 여기에서도 다산 제다법의

---

17 碗, 越州上 鼎州次, … 或者以邢州處越州上, 殊爲不然. … 邢瓷白而茶色丹, 越瓷靑而茶色綠, 邢不如越三也. 차완은 월주요의 것이 상등품이고, 정주요의 것은 차등품이고, … 혹자는 형주요의 사발을 월주요의 것 위에 두는데 꼭 그렇지만은 않다. … 형주의 자기는 흰색이어서 차탕이 붉은색을 띠지만 월주의 자기는 청색이어서 차탕 색이 녹색을 띤다. 이것이 형주의 자기가 월주의 자기보다 못한 세 번째 이유이다.

18 穀雨之日 取嫩茶 焙作一斤, 立夏之前 取晚磋 作餅二斤. 右葉茶一斤 餅茶二斤 與詩札同付.

'焙'(불에 쬐어 말린다)라는 말이 나온다.

이때의 餠茶 2근은 증포(蒸曝) 또는 증배법(蒸焙法)으로 제다했을 가능성도 있지만, 앞의 '焙'라는 제다법의 연장선상에서 불에 쬐어 말린 잎차를 긴압한 團茶였을 가능성도 있다.[19] 이때 잎차 제다에 초배법(炒焙法)을 쓰지 않은 이유는 연약한 우전 찻잎이어서 덖지는 않고 불기로써 말리는 정도에 그쳤기 때문이다. 이 제다법은 기법상으로는 『부풍향차보』의 생배법의 연장선상에 있는 것이고, 차 종류로서는 오늘날의 백차에 가깝다고 할 수 있다.

그런데 제다기법의 질은 오히려 오늘날 백차 제다의 문제점을 개선한 진일보한 것이라고 할 수 있다. 그 이유는 오늘날 백차 제다는 찻잎을 그늘에 말리는 방법이어서 건조 외에 살청 기능이 약하여 시간이 지체되면서 황갈색 산화현상이 생기는 문제를 안고 있는 데 비해, 다산의 생배법(生焙法)에 의한 곡우 잎차 제다는 직접 불기운을 쬐임으로써 신속한 살청효과와 건조를 통해 녹차로서의 차성을 더 효율적으로 유지하도록 할 수 있기 때문이다.

다산의 후기 제다법과 차 종류는 삼증삼쇄 '다산 차떡(研膏 綠

---

19 떡차 2근의 제다법이 생략돼 있으니, 잎차와 비슷한 양의 떡차도 잎차 제다방식을 취했을 수 있다.

茶)’ 제다이다. 이는 다산이 다신계의 해이(解弛)를 질책한 무렵인 1830년 강진 제자 이시헌에게 보낸 편지에서 나타난다. 초의를 포함한 사찰의 승려들이 다도(제다법 및 음다법)를 모르던 이때 다산의 편지에는 '다산 차떡' 제다의 꼼꼼하고 상세한 내용이 들어 있어서 실학자이자 과학자인 다산의 제다에 대한 학구적 면모와 창의성을 알 수 있게 한다. 1830년은 초의가 『만보전서』에 있는 『다록』의 요점(『다경채요』)을 베껴 『다신전』을 낸 직후이다.

초의는 다신전 발문에 "절에 조주풍(차 마시는 풍조)은 있으나 다도(차를 만들고 보관하고 우려내는 방법)를 모른다."고 했다. 당시 큰절에서 차를 마시기는 했으나 제다법(製茶法)과 포다법(泡茶法)을 제대로 알지 못했다는 말이니, '다산 차떡' 제다의 한국 차 문화사적·차산업적 의미가 크다고 할 수 있다. 다산 차떡 제다는 다산이 유배 시절 유학을 가르친 초의에게도 알려 주지 않은 것으로, 다산이 해배 후 강진에서의 제다 경험을 반추하고 '용원승설' 등 중국의 연고차 제다를 참고하여 창안해 낸 것으로 추정된다. 다산이 이시헌에게 보낸 편지를 보자.

지난번 보내 준 차와 편지는 가까스로 도착하였네. 이제야 감사를 드리네. 다만 지난번 부친 차떡(茶餠)은 가루가 거칠어 썩 좋지가 않더군. 모름지기 세 번 찌고 세 번 말려 아주 곱게 빻아야 할 걸세. 또 반드시 돌샘물로 고루 반죽해서 진흙처럼 짓이겨 작은 떡으로 만든 뒤라야 찰져서 먹을 수가 있다네.

유동훈은 논문 「다산 정약용의 고형차 연구」(차학회지, 2015년 1월)에서 '다산 차병' 제다의 내력을 소개하고 있다. 이에 필자의 견해를 더하자면, 다산이 위 편지에서 분명히 '떡차(餠茶)'가 아닌 '차떡(茶餠)'이라고 지칭한 사실을 눈여겨보아야 한다. '다산 차병(茶餠)'은 청태전이나 뇌원차와 같은 '떡차'류, 즉 녹차에서 변질된 '산화차'류와는 제다법이 전혀 다를 뿐만 아니라 질에 있어서도 차원이 다른 고급 녹차였다고 할 수 있다.

즉, 당나라 시절 녹차로서 만든 떡차류가 찻잎을 쪄서 찧어 젖은 덩이를 만들어 건조시키는 과정에서 불가피하게 산화되어 이른바 '쉰 녹차'로 변질돼 버린 것과는 제다 및 건조 공정이 다르다. 다산 차병은 찐 찻잎을 바싹 말려서 가루 낸 다음 물에 반죽하여 떡(덩이)으로 만듦으로써, 미세한 가루 표면의 물기가 가루 안으로 침투되기 전에 접착제 역할만 하여 고운 가루 덩이 전체를 진공 상태로 만들고 금세 건조돼, 건조 공정의 산화를 막는 효과로써 철저하게 녹차의 장점을 지켜 내도록 한 것이었다.

그러나 지금까지 한국 차계와 차학계의 차 담론에서는 한결같이 '다산 차떡'을 일반적인 떡차로 오인하여 '다산 차병'이 옛 떡차류처럼 산화갈변된 차라고 보고 있고, 오히려 그런 방향으로 이용하고자 하고 있다.[20] 그러나 옛 떡차류는 원래 증청 살청한 녹차로서 제다한 것이었으나, 젖은 찻잎을 찧어 덩이로 만든 탓으로 건조 과정에서 불가피하게 산화되었기에, 『다경』 '四之器(4. 찻그릇)' 항에서 붉게 변한 차탕 색을 녹색에 가깝게 보이도록 하기 위해 월주요 청자를 선호했다는 기록이 있음을 앞에서 보았다. 한국 차계와 차학계에서는 떡차류가 원래 녹차였으나 제다 공정상의 문제로 바람직하지 않게 산화갈변돼 버린 내력을 모르고 보이차 열풍에 편승하여 '발효차'라고 착각하는 경향이 있다.

이처럼 차의 성분상 효능이나 제다의 원리에 반하여 오늘날 청태전이나 뇌원차와 같은 폐기된 옛 차류를 '복원'하는 것은 시대착오적이고 반(反)제다사적인 일이라고 할 수 있다. 여기에서 산화갈변돼 향과 맛이 뒤떨어지는 떡차류와 명말청초(明末淸初)에 자연 산화되어 항상성(恒常性), 방향(芳香)과 감미로운 맛을 내는 차로서 발생된 산화차 계통의 청차(靑茶)류를 구별할 필요가 있다. 뒤 '4−다'의 다산 차병(산화차)은 다산 차병 제다법을

---

20 「강진 야생수제 정차(떡차) 브랜드개발사업 연구용역 보고서」(2020년, 남부대학교 산학협력단)에서 말한 '떡차'의 경우도 그런 것으로 보인다.

응용한 청차류의 현대적 계승 모델이다.

   여기에서 '다산 차떡'의 독창성 및 우수성을 고찰하기 위해서 위 유동훈의 논문에 근거하여 당대에서 송대에 걸쳐 창안되어 진전된 연고차 제다법을 알아볼 필요가 있다. 북송대 장순민이라는 사람이 쓴 『화만록』에 따르면 당대 말에 초기 연고차가 나왔는데, '제다법은 불에 쬐어 말리고 갈아서…' 물에 반죽하여 떡 모양으로 만든 것이었다. 즉, 제다 공정이 '증(蒸) → 배(焙) → 연(研, 膏) → 조다(造茶)'이다. 이것은 다산 차떡의 제다 공정과 거의 일치한다.

   이 제다법은 차의 종류와 모양을 이전의 '떡차(餠茶)'에서 '차떡(茶餠)'으로 일대 변혁시킨 것이다. 여기서 '떡차 → 차떡'의 이행 과정의 변수는 '도(搗, 절구에 찧다)' 대신 '배(焙, 선조) - 연고(研膏, 가루로 빻다)'의 공정이 들어간 것이다. 이는 젖은 찻잎을 절구에 빻아 떡을 만들었을 경우 속에 든 습기가 마르기 전에 가수분해 작용으로 산화변질돼 버리는 단점을 보완한 것이라고 할 수 있다. 단, 이 제다법과 다산 차떡 제다법이 다른 것은 다산 차떡에는 좀 더 철저하게 찌고 건조시키는 '증배(蒸焙)'의 방법으로 '삼증삼쇄(三蒸三曬)'가 들어갔다는 점이다.

   중기 연고차 제다법은 북송 휘종(1100~25)이 지은 『대관다론』에 나온다. '쪄서 누르고 말려서 갈아…', 즉 '증(蒸)−압(壓, 膏)−건(乾)−연(研, 膏)'[21]이었다. 여기서 누르는 과정이 들어간 것은 찻잎의 쓰고 강한 맛(카테킨 성분)을 제거하여 차탕을 흰색에 가깝게 내기 위한 것으로 알려져 있다. 즉, 잔존하는 카테킨(티폴리페놀) 성분을 짜냄으로써(엽록소도 함께 배출됨) 산화갈변을 막기 위한 장치였을 것이다. 차를 건강기능성보다는 별난 차탕 색(흰색)으로 즐기기 위한 호사(好事)성 기호 경향이 엿보인다. 즉, 이때부터 차의 기호, 완상품(玩賞品)화 경향이 생긴 것이다.

또 연고차의 완성품이라 할 수 있는 송대 후기 연고차 제다법은 남송 조여려(趙汝礪, 1186)가 쓴 『북원별록』에 나와 있다. 그 제다법은 '찐 뒤에 눌러서 진액을 짜내고 젖은 상태 그대로 갈아서 말리기', 즉 '증(蒸) − 자(榨) − 연(研, 膏) − 조다(造茶, 차떡 만들기) − 과황(過黃, 말리기)[22]'이다. 이때는 자(榨)의 공정에서 카테킨 성분의 산화가능성이 줄어들었으므로 젖은 채 가는 쉬운 방법을 택했을 것이다.

위와 같은 연고차 제다법 진전 과정을 염두에 두고 다산 차

---

21 '研膏茶'에서 '研膏'는 진액(膏)을 짜낸다는 의미 및 가루(膏)를 낸다는 의미로 해석할 수 있다.

22 過黃은 산화갈변(黃)을 막는다는 의미로 이해된다.

떡 제다법 및 그 효능을 살펴보자. 위에서 다산 차떡은 초기 연고차 제다법과 흡사하나 '삼증삼쇄'가 들어간 차이가 있다고 했다. 삼증삼쇄는 '세 번 찌고 세 번 볕에 말린다'는 말이다. 이는 초기 연고차 제다가 중기 연고차 제다로 넘어가는 과정에서 강하고 쓴맛을 제거하기 위해 눌러서 찻잎의 진액을 빼내는 과정의 효과를 대신한 방법이라고 할 수 있다.

즉 '삼증삼쇄'로써 찻잎의 강한 기운을 덜어 낸 것으로, 이는 다산이 초기 團茶(餠茶) 제다에서 '구증구포'로 썼던 방법과 달리 곡우 무렵의 연약한 찻잎을 쓴 데 따른 것이다. 즉, 중·후기 연고차의 경우처럼 찻잎을 짜내서 차의 좋은 성분을 대부분 유실시키는 단점을 막으면서도 강한 기운은 덜어 낸 것이다.

또 초기 연고차를 만든 이유는 찐 잎을 찧어 떡으로 만드는 과성에서 건조 미흡으로 청대전이나 뇌원차[23]와 같은 산화 변질된 차가 되어 버린 '떡차'의 단점을 보강하여, 충분히 마른 잎을 미세하게 가루 내어 물에 이겨서 떡을 만듦으로써 조잡한 덩이차(團茶, 餠茶)의 건조 문제를 해결한 것이었다. 이는 오늘날의 가루차인 말차의 효시로서 음다법에 있어서는 '떡차'의 '전다법(煎茶法)'에서 '점다(點茶)법'으로 이행되었다.

23　2020년 보성군과 목포대대학원이 복원했다고 한 뇌원차류를 말함.

후기 연고차의 대표는 송대 당시 최고의 공납차인 '용원승설'이었다. 추사가 부친의 연경 사신길에 따라가서 대서예가 완원에게서 얻어 마시고 그 차향에 반해 자신의 호를 '승설도인'으로 지었다는 일화가 전해진다. 추사와 동시대인이었던 다산 역시 실학자로서 용원승설을 접하고 충분히 연구했을 터이다. 떡차에서 차떡인 연고차로의 진전 과정은 다음과 같다.

　[초기 연고차] (당) 貞元(당 9대 덕종 785~805), 북송, 장순민,『화만록』

　불에 쬐어 말리고 갈아서 茶餅으로 造茶 (→ 茶山 茶餅, 삼증삼쇄 추가)

　蒸 → 焙 → 研(膏) → 造茶

　[중기 연고차] 북송 휘종(1100~25),『대관다론』

　쪄서 누르고 말려서 갈아(쓰고 강한 맛 제거, 흰색 가까운 차탕 색, 차의 기호화 조짐)

　蒸 → 壓(膏) → 乾 → 研(膏) → 造茶

　[후기 연고차(용봉단, 용단승설)] 1186, 남송 조여려(趙汝礪),『북원별록』

　찐 후에 눌러서 진액을 짜내고 젖은 상태 그대로 갈아서 만든다.

　蒸 → 榨(자) → 研(膏) → 造茶(차떡 만들기) – 過黃(말리기) (* 過黃은 갈변됨을 막는다는 말린다는 의미인 듯함)

* 중국 제다사 정리: 증제 떡차(당) → 초기 연고차(당) → 중기 연고차(송) → 후기 연고차(송) → 초제 산차(녹차·청차)(명·청)

여기에서 다산 차떡 제다에서 실사구시의 실학자이자 창의적 과학자였던 다산이 차에 있어서 추구했던 핵심 요지를 파악할 수 있다. 그것은 어디까지나 차는 고품질 녹차, 즉 차로서의 본래성(茶性)을 잘 보전하고 쉽게 산화갈변되지 않는 녹차였던 것이다. 녹차로서 떡차(餠茶)가 아닌 '차떡(茶餠)'으로 만든 것은 떡차의 건조 미흡 문제를 해결하여 녹차의 향(香)과 맛의 항상성(恒常性)을 유지시키기 위한 방법이었고, 삼증삼쇄하여 말려서 가루 낸 것은 지나치게 강한 기운을 누그러뜨리면서도 차의 성분을 그대로 유지하도록 하고, 더 이상 산화변질되지 않도록 한 지혜의 발휘였다고 보아야 한다.

이는 후기 연고차가 진액을 짜내어 '건강 수양 음료'로서의 기능을 수행하지 못한 것과 비교되면서 오늘날 가루녹차인 고급 말차의 원형이었다고 할 수 있다. 다산이 '다신계'의 해이(解弛)를 질타한 무렵, 녹차의 항상성 유지를 위해 정성을 들여(삼증삼쇄하여 곱게 가루 내어 반드시 돌샘물로 반죽하여…) 다산 차떡을 제다하도록 가르친 것은 '신의(信義, 誠)'를 중시한 '다신계' 결성 취지

와 맥락이 통하는 지점으로 파악된다.[24]

다산 제다법의 진화 과정을 정리해 보면, ① 초기의 九蒸九曝 蒸曝 團茶(다산의 시와 이유원의『가오고략』등의 기록) → ② 중기의 焙(曬) 白茶와 蒸曬(蒸曝) 또는 焙(曬) 團茶(1818년 8월 30일「다신계절목」의 기록) → ③ 후기 三蒸三曬(蒸曬) 茶山 茶餅 研膏綠茶(1830년 이시헌에게 보낸 편지에서)의 순으로 발전했음을 알 수 있다.[25]

③ 차문화 불교중심설 및 '차문화 중흥조' 논쟁과 강진 전통차

한국 차계 일부에 불교가 한국 차문화의 중심이라는 주장과 한국 차의 중흥조가 초의라는 주장이 있다.[26] 또 다산 제다법으로 알려진 구증구포법에 대하여 "구증구포법은 제다사에서 제다법의 유형으로 제시된 적이 없다."[27]는 주장이 있다. 이 주장들은 같은 흐름 위에 있다. 즉, 한국 차문화의 중심이 불교이고 그 연장선상에서 선승인 초의가 한국 차문화를 일으켜 세웠으며, 따라서 다산이 창안한 강진 전통차의 구증구포법은 제다사

---

24 범해 각안(梵海 覺岸, 1820~1896)의「다가(茶歌)」에 "월출산에서 나온 것이 신의를 가벼이 여김을 막는다(月出出來阻信輕)."라 하였다.

25 九蒸九曝와 三蒸三曬에 曝와 曬를 구별하여 쓴 이유는 큰잎과 곡우잎의 차이 때문으로 보인다.

26 박동춘,『초의선사의 차문화 연구』, 일지사, 2010, 12쪽, 138~139쪽. 박동춘·이창숙,『초의 의순의 동다송·다신전 연구』, 이른아침, 2020, 4쪽.

27 박동춘,『초의선사의 차문화 연구』, 일지사, 2010, 136쪽.

상 인정되지 않는다는 것이다.

이에 반하여, 다산이 한국 차문화 중흥의 문을 열었다는 주장이 있다. "(걸명소는) 한국 차문화사에서 차문화의 중흥을 알리는 신호탄이 된 글이다. 이를 기점으로 훗날 초의에게 이어지는 차문화의 부흥이 시작되었다. 3년 뒤 1808년 다산초당으로 옮기면서부터 다산은 한 해에 수백 근의 차를 직접 생산했다."**28** 이런 주장들에 대해서는 현재 혼돈에 빠진 한국 차문화의 정체성 확립과 전통 차문화의 바른 계승(정통의 계승)을 위해서 진위 및 본말이 규명되어야 한다.

불교가 한국 차문화의 중심이라는 주장의 근거는 당나라 때 선종과 더불어 차문화가 번성했고 도당구법승들이 당대 선불교의 차문화를 늘여와 나말여초 구산신문 개창에 실어 이 땅에 이입시켰을 것이라는 추정이다.**29** 여기서 문화의 중심 역할이란 한때 그 문화를 주도적으로 이끌고 행사했을 뿐만 아니라 그 문화가 전통으로서 지금까지 이어지고 있거나 중추적 영향력을 발휘하고 있음을 전제로 해야 한다. 또한 단순히 차가 아닌 '차문화'라 할 경우 그 내용이 명확히 규정된 전제 위에서 논의가

---

28 정민 · 유동훈, 『한국의 다서』, 2020, 김영사, 158쪽.
29 불교가 한국 차문화의 중심이라고 주장하는 사람들도 주장의 근거를 추정이라고 밝히고 있다.

출발해야 한다.

즉, 차문화란 용어에는 제다·행다·음다 및 거기에 수반되는 다도수양(수행) 등 제반 문화적 행위와 양상이 포함되어야 한다는 것이다. 따라서 불교가 차문화의 중심이라는 말에는 불교와 불교 승려들이 차와 관련한 제반 문화양상을 주도해 오면서 오늘날 일반 대중의 차생활에 중추적 영향력을 끼치고 있다는 의미가 들어 있다고 할 수 있다.

이런 기준으로 볼 때, 한국 차문화의 중심이 불교라는 주장은 근거가 약하다. 그 이유를 몇 가지 들어 본다.

첫째, 도당(渡唐) 유학승들이 구산선문 개창시 당대 선종(禪宗)의 차문화를 들여왔다는 주장은 일본의 경우와 달리 기록적 근거가 없는 추정에 불과하다. 신라시대에 차를 부처 공양물로 썼다는 기록과 최치원이 쓴 「쌍계사 진감국사 비문」에 승려들이 차를 마셨음을 추론할 수 있는 기록은 있으나, 선종 차문화의 양태인 선원청규를 준수하여 승려들이 수행에서 차를 음용했다거나 일본 다도의 경우처럼 그 영향력이 일반 대중의 다도생활로 이어졌다는 기록이나 근거를 찾아보기 어렵다. 이 땅에 차가 들어온 공식 기록은 『삼국사기』에서 찾아볼 수 있다.

"신라 흥덕왕 3년(828년) 중국에 사신으로 갔던 대렴이 차 씨앗을 들여와 지리산 남쪽에 심었다."

불가에서 또는 승려들이 음다생활을 했음을 보여 주는 유적이 있고, 초의의『다신전』발문에 "총림에 음다풍이 있으나 다도를 모른다."고 했다. 즉, 불가의 음다풍은 불가에서 있었던 편린적 불가 차문화의 한 모습에 불과하다. 단지 차를 마신 것만을 차문화라고 할 수는 없을 뿐만 아니라, 제다 및 다도수행을 포함한 본격적인 차문화에 대한 불교 관련 기록이 없다는 사실은 한국 차문화 불교중심설의 설득력을 떨어뜨린다. 그런 탓에 한국 차문화 불교중심설을 주장하는 이들도 그런 주장을 단지 추론에 의존하고 있음을 부정하지 않는다. 근거 없는 추론은 상상력으로 지어낸 허구에 불과하다.

눌째, 고려시대에 문인들의 차시와 함께 승려들의 치시도 보인다. 그러나 이런 차시류는 단지 차를 마신 느낌이나 감상을 표현한 것이어서 차문화의 부분적 요소라고 할 수는 있지만 차문화의 중심 역할을 한 것이라고 할 수는 없다. 또 승려 외에 일반 문인들이 오히려 차시를 많이 남긴 사실로 볼 때, 승려들이 차시를 남겼다는 사실만으로 불교가 차문화의 중심이라고 할 수는 없다.

셋째, 조선시대에 들어와 초의가『다신전』과『동다송』을 남긴 사실을 기반으로 초의를 '한국 차의 성인'이라 일컫고, 이 주장을 받쳐 주는 이론적 배경으로 한국 차문화의 불교중심설을 주장하는 것으로 보인다. 그러나 초의는 『다신전』 발문에서,

"총림(叢林)에 간혹 조주(趙州)의 유풍(遺風)이 있지만, 다도는 다들 알지 못하므로, 베껴 써서 보이나 외람되다."**30**

라고 밝혔다. 여기서 다도란 『다신전』 '다도' 항에서 차를 만들고(製茶) 보관하고(藏茶) 우리는(泡茶) 방법을 적시한 것을 말한다. 이에 따르면 당시 한국 절에 단지 차를 마시는 풍습은 있었으나 차문화의 핵심 요소인 이런 다도에 대해서는 아는 이가 없었다는 말이다.

넷째, 초의가 한국 차문화를 중흥시켰다는 근거로서 『동다송』을 저술하여 차에 대한 이론적 토대를 정립했고, 차에 대한 전문성으로 인해 당시 사대부들 사이에서 전다박사로 칭송되었다는 점을 들고 있다. 그러나 『동다송』은 숭유억불 시대 사문난적 비판이 득세하던 상황에서 유가적 왕가인 홍현주의 다도에 관한 물음에 초의가 답한 내용으로서, 불가의 차정신이나 차 인식과 거리가 있는 내용이다. 초의는 『동다송』 제60행의 주석 말미에서,

---

30   정민·유동훈, 『한국의 다서』, 김영사, 2020, 309쪽.

評曰 '採盡其妙 造盡其精 水得其眞 泡得其中 體與神相和 健與靈相 併 至此而茶道盡矣'

결론적으로 간추려 말하자면, 찻잎을 딸 때 찻잎이 지닌 다신의 역동성(妙) 보전에 최선을 다하고, 차를 만들 때 찻잎의 정기(精) 보전에 최선을 다하고, 좋은 물(眞水)을 골라, 우릴 때 차와 물의 양의 적정을 기하면, 물과 차가 조화를 이루고 물의 건강성과 차의 신령함이 함께한다. 이것이 다도이다.

라고 하였다. 이 대목은『동다송』의 핵심이자 결론으로서 초의의 창의적인 다도관이 표출된 것이다. 이 구절의 의미는 찻잎을 딸 때부터 차탕을 우려내기까지 "(다신의 보전에) 정성(精誠)을 다하라"는 말로써 유가의 최고 이념이자 수양론적 목표인 誠을 강조한 것이다. 따라서 동다송의 다도정신은 誠이라고 함이 적절하다.[31]

여기서 유의할 것은 흔히『동다송』의 다도정신을 中正이라 하고 이를 한국의 다도정신으로까지 확대해석하는 경향이 있으나,『동다송』제59행 및 60행[32]에 표현된 '중정'은 차탕의 적

---

31 『동다송』은 성리학을 통치이념으로 삼은 조선시대에 같은 성리학파 중에서도 사문난적이라 하여 이론을 허용하지 않던 엄혹한 상황에서 왕족인 홍현주의 다도에 관한 물음에 답한 것이므로, 초의가 왕가에 답하는 서책에 불가사상이나 이념을 다도사상으로 담았을 리 없다.

32 體神雖全 猶恐過中正. 물과 차가 온전하다고 해도 오히려 적정량을 지나쳐 정상적인 차탕이 되지 않을까 두렵다(제59행). 中正不過健靈併. 중정은 물의 건

정(中正)한 상태를 가리키는 형용사이다. 즉, 다신이 정상적으로 발현된 중정의 차탕을 구현해 내기 위해 정성을 다하는 마음자세를 가지라는 것(誠)이『동다송』의 다도정신이다. 따라서『동다송』의 다도정신은 유교사상에 가까운 것이므로 초의의『동다송』저술을 근거로 한국 불교가 한국 차문화의 중심이라거나 초의가 한국 차문화를 일으켰다는 주장은 실체적 사실과 거리가 있다.

또 초의의『동다송』외에 한국 최초의 다서이자 세계 최초·유일의 다도전문서로 일컬어지는 한재 이목의『다부』를 비롯하여 이운해의『부풍향차보』, 이덕리의『기다』, 정약용의『각다고』등 한국 차문화를 주도한 다서 대부분이 유가에 의해 저술되었다는 점도 초의의『동다송』저술을 불교의 차문화 중심설 근거로 삼는 주장의 설득력을 떨어뜨린다.

다섯째, 오늘날 불교의 차문화 인식이나 차 음용 행태에서 불교가 한국 차문화의 중심 역할을 했다는 근거를 찾아보기 어렵다. 요즘의 한국 절집들에서는 주로 보이차나 커피를 마시는 풍조가 만연(蔓延)되고 있다. 또 실상 불교 쪽에서는 한국 차문화의 중심이 불교라고 주장하거나 한국 차문화의 침체에 주체적으로 걱정하는 목소리를 듣기 어렵다. 이는 한국 불교가 차

강성과 차의 신령함이 함께하는 차탕의 상태이다(제60행).

를 불교 문화의 중요한 축으로, 또는 불교가 한국 차문화의 중심이라고 인식하고 있다는 근거가 되지 못한다.

이상의 사실들과 한국 제다 발전사의 내용을 견주어 살펴볼 필요가 있다. 제다 발전사는 제다와 차 종류의 규정은 물론 음다법 및 차 음용의 목적까지를 포괄하는 차문화의 집대성으로서, 한국 차문화가 어떤 중심축으로 전개되고 유지되어 왔는지를 보여 주기 때문이다. 한국 제다 발전사는 위의 표에 근거하여 중국 제다사와 비교할 때 아래와 같이 펼쳐졌다.

[중국 제다사] 蒸製 餠茶(唐) → 초기 硏膏茶(唐) → 중기 연고차(宋) → 후기 연고차(宋) → 炒製 녹차(明)

 – 초기 연고차: 蒸 → 焙 → 硏(膏) → 造茶(차떡 만들기)

 – 중기 연고차: 蒸 → 壓(膏) → 乾 → 硏(膏) → 造茶(차떡 만들기)

 – 후기 연고차: 蒸–榨(자)–硏(膏) → 造茶(차떡 만들기)–過黃(말리기)

[한국 제다사] 生焙法 鄕茶(1757년,『부풍향차보』) → 蒸焙法 葉散茶(1783년,『記茶』)

(여기서부터 다산 제다) → 구증구포 蒸曝法 團茶(餠茶)(1808년~ 다산, 이유원의 기록) → 焙(曬)法 葉散茶·團茶(1819년~「다신계절목」) → 삼증삼쇄 蒸曬法 硏膏茶 다산차떡(茶餠)(1830년 이시헌에게 보낸 편지)

(여기서부터 초의 제다) → 구증구포 단차(1830년경 초의의 '보림백모') → 炒焙法 葉散茶(1837년~『동다송』저술 이후~)

* 다산 제다의 시기 구분
  – 초기: 구증구포 團茶(녹차) (다산의 시「次韻范石湖丙午書懷十首簡寄松翁」, 이유원의『가오고략』「죽로차」) (→ 초의의 '보림백모')
  – 중기: 焙(曬) 葉茶 및 團茶(餠茶)(「다신계절목」)
  – 후기: 三蒸三曬 '茶山 茶餠'(연고 녹차)(1830년 이시헌에게 보낸 편지)

위에 제시된 한국 제다 발전사에서 가장 큰 비중을 차지하는 것은 다산의 제다법과 차 종류이다. 다산 제다의 특징은 초기 단차 제다의 경우 중국 증제(蒸製) 떡차 제다의 산화갈변 현상을 개선하기 위해 일종의 강력한 살청(殺靑) 증제법(蒸製法)인 구증구포[33] 방법을 취했고, 중기 焙(曬, 불에 쬐어 (볕에) 말림) 백차 제다의 경우 산화 방지를 위해 불에 쬐어 말려서 엽산차(葉散茶)로서 녹차에 가까운 백차를 제다하는 방법을 취했으며, 후기 삼증삼쇄 다산 차떡 제다는 우전 찻잎을 잘 살청하고 자연 건조

---

33 九蒸九曝란 찻잎을 여러 번 찌고 말린다는 의미로서, 여기서 말렸다는 것은 중국 당대의 떡차처럼 젖은 잎을 짓찧어 떡 모양으로 만든 게 아니라 찐 잎을 말려서 긴압한 團茶를 만들었다는 의미라고 할 수 있다. 이는 당대의 떡차가 건조 과정에서 산화갈변된 문제를 해결하고자 한 것이라고 할 수 있다.

시켜(삼증삼쇄) 곱게 빻아 가루를 내어 물에 반죽하는 연고법(研膏法)을 적용했다.

여기서 나타나는 다산의 제다와 차의 특성은 일관되게 녹차로서 차의 본래성을 고수하는 원칙 위에서 종래의 전통 제다법인『부풍향차보』의 생배법,『동다기』의 증배법 및 당·송대의 연고차 제다법 중 핵심적 내용을 창의적으로 변용한 방법(삼증삼쇄) 등 독창적이고 다양한 방법이 활용되었다는 것이다. 이는 다산이『다경』'四之器'의 월주요 청자 선호 이유[34] 및『기다』'茶事' 항에 있는 잎차의 효능[35]을 주요 내용으로 이해하고 있었음을 방증한다.

여섯째, 한국 차문화 불교중심설은 대체로 조선의 차문화가 (고려에 비해) 쇠퇴한 이유를 조선시대 불교 탄압으로 든다. 불교 탄압에 따른 불가의 경제적 어려움으로 불교 차문화가 쇠퇴했다는 것이다. 이는 막연한 주장이다. 조선시대 숭유억불책이 불가의 차문화를 억제했다는 실체적 근거는 찾아보기 어렵다. 사원 운영이 유지되는 정도에서 일정한 넓이의 차밭과 노동력만 있으면 제다를 충분히 할 수 있으므로 사원의 경제가 어려워 불교 차문화가 쇠퇴했다는 주장은 사실과 거리가 멀다.『다신

---

34 월주요 청자다기를 선호한 이유가 떡차가 산화갈변돼 차탕이 적갈색인 것을 녹색에 가깝게 보이게 해주기 때문이라는 것.

35 용봉단 등 떡차는 香藥을 넣어 향과 맛이 좋을 뿐 차로서의 효능은 잎차(葉茶)가 대단하다는 것.

전』발문의 언급처럼 애초에 사찰에서 차문화의 출발이자 핵심인 제다를 하는 일이 없었다고 봐야 한다.[36]

또 고려시대보다는 오히려 조선시대에 들어와 『다부』, 『부풍향차보』, 『기다』, 『각다고』 등 본격적인 다도와 제다 관련 다서(茶書)들이 저술되었고, 이의 연장선상에서 다산은 강진 유배기를 전후하여 한국 전통 차문화를 창시하였으며, 초의는 다산의 차문화 보완·계승적 위치에서 명대의 초제법(炒製法)을 소개하였고 유가 왕가인 홍현주의 다도 관련 물음에 대한 답변서로서 「동다송」을 썼다. 조선의 차문화가 고려에 비해 쇠퇴했다는 주장은 단순비교의 우를 범하고 있다. 단, 조선 후기 차문화 침체는 임진왜란의 영향이 크다는 게 일반적 분석이다.

여기에서 한국 차문화 불교중심설과 연계된 초의가 한국 차문화 중흥조라는 주장을 다산의 차 행적과 견주어 살펴볼 필요가 있다.

위 표에서 알 수 있는 바와 같이 초의가 한국 차문화에 공헌한 내용은 다산으로부터 제다법을 배운 보림백모를 1830년경 한양의 유가 문인들에게 소개하여 전다박사라는 칭호를 얻은 것, 『다신전』에 명대(明代)의 초배법(炒焙法)을 소개하고 『동

---

36 조선시대 제다는 거의 민간 제다전문집단에서 했다.

다송』에서 『다신전』에 있는 '다도'의 의미를 확장시켜 '探盡其妙 造盡其精 水得其眞 泡得其中 體神相和 健靈相倂 至此而茶道盡 矣'[37]라 하여 '한국적 다도'를 새롭게 정의한 점 등이다.

초의의 이런 차 행적을 과소평가할 이유는 없다. 다만 초의의 차 행적은 『동다송』에서 '다도'를 창의적으로 규명한 것 외에 선 승으로서 선리 탐구에 매진하는 와중에 중국의 초배법을 소개 하고 문인 및 경화사족 등 특권층과 제한된 차 교류를 한 것이 고, 다산은 실사구시적 학식을 갖춘 실학자로서 『각다고』를 지 어 차산업론을 설파했으며, 당시까지 전해 오는 증제법·생배 법·증배법 등 전통 제다법을 두루 융복합하여 민초와 함께 단 차(團茶), 엽산차(葉散茶), 연고차(硏膏茶) 등 독창적이고 다양한 차종류를 창안해 냈다는 점에서 비교된다.

이런 점들을 종합하여 볼 때, 한국 차문화의 중흥조가 누구냐 의 논쟁에는 파당적 명리 추구의 목적성이 엿보인다. 이런 지 적을 피하기 위해서는 다산과 초의가 한국 차문화사에 기여한 역사적 사실에 입각하여 다산을 한국 전통차와 차문화의 창시 자, 다산차를 한국 전통차의 원형이자 모체(母體)라고 각각 명 명하고, 초의는 다산의 한국 전통 차문화 창안과 전개에 이어

---

37 찻잎 딸 때 찻잎의 神氣를 잘 보전하고, 제다에서 찻잎의 정기(찻잎의 3대 성분 등)를 잘 보전하고, 좋은 물을 골라, 우릴 때 물과 차의 양의 적정을 기하면, 체로서의 물과 정신으로서 차가 잘 어우러져서, 체의 건강함과 정신의 영험함 이 함께하니, 이에 이르면 다도는 다 된 것이다.

명대의 초제법을 소개하고 '다도'를 규정하여 보완적 계승자 역할을 했다고 하는 게 좀 더 사실에 가까운 진술이 될 것이다.

이런 점에서 "구증구포법은 제다사에서 제다법의 유형으로 제시된 적이 없다."는 주장은 중국 제다사를 기준으로 한 견해로서 구증구포법의 진정한 의미를 이해하지 못한 단견이라고 할 수 있다. 역사는 물론 제다사의 기술(記述)은 어떤 유형으로 제시되는 요식 절차를 필요로 하는 것은 아니다. 당시의 환경에서 발생된 의미 있는 사건이나 문화적 현상이 대중지성의 확인과 지지를 받게 되면 곧 역사적 사실이 되지 않던가.

구증구포법은 다산이 시로써 남겼고, 이유원의 서책에 기록으로 남아 오늘에 전해지는 한국 제다사의 독특한 유형임을 부인할 수 없다. 한국 제다사에 엄연히 기록되어 한국 전통 제다의 질을 혁신한 다산의 구증구포법을 부인하는 것은 한국 제다사를 왜곡하는 것과 같다.

같은 맥락에서 초의가 활용한 명대의 초배법과 덖음잎차가 한국 전통 제다법 및 전통차라는 주장은 다산이 정립한 한국 고유의 전통 제다법과 전통차를 부정하여 한국 차문화사를 왜곡한다는 지적과 우려를 야기할 수 있다. 다산이 한국 전통차의 창시자라면 다산에게서 團茶 제다를 배워 보림백모[38]를 제다하고 명대 초배법을 소개하는 한편, 『동다송』에서 한국 다도의 개념을 정리한 초의는 한국 전통 차문화의 보완적 계승자라고 하는 게 적절하다. 초의 이전까지 한국 전통 차문화가 없었거나 완전히 단절된 것을 초의가 새로 일으켜 세워 중흥시켰다고 볼 수는 없기 때문이다.

또 "초의가 이룩했던 차문화 중흥의 영향이 근현대로 이어지지는 못하였으나, 그가 정립한 제다법과 탕법은 범해로 이어지고 다시 금명·응송에게로 이어졌다. 이러한 점은 한국 전통차의 원형을 회복할 수 있는 단초를 남겼다는 점에서 중요한 의의가 있다고 할 수 있다."[39]는 주장도 재고되어야 한다. 초의가 소개한 명대 초배법에 의한 덖음잎차를 한국 전통차의 원형이라고 주장하는 것은 역사적 사실에 부합하지 않을 뿐 아니라 한국 전통차의 다양성을 축소·왜곡시킬 우려가 있기 때문이다.

그러나 실제로 한국 차계와 차학계에서는 초의가 소개한 명대 초배법이 한국 전통 제다법이고 초배법으로 제다된 이른바 '초의차'가 한국 전통차라는 주장이 소통되는 데 대하여 별다른

---

38 1841년 신위가 쓴 시 「벽로방 앞뜰을 산보하며(碧蘆舫前庭散步)」의 제6구(髮頭童子捧團茶) 아래에 쓴 주석에 "이날 저녁에 좋은 샘물을 길어와 초의가 부쳐준 단차를 끓였다(是夕汲名泉 瀹草衣所寄團茶)"라고 했다. 보림백모를 떡차(餅茶)라고 하는 사람이 많지만 초의차를 團茶라고 한 사실에서 餅茶와 團茶는 구별되어야 한다.

39 박동춘, 『초의선사의 차문화 연구』, 일지사, 2010, 139쪽.

이의를 제기하지 않고 있다. 이런 탓에 다산의 독창적이고 다양성 있는 제다와 차의 가치가 한국 제다사와 차문화사에서 폄훼되어 묻히고 있다. "구증구포법은 제다사에서 제다법의 유형으로 제시된 적이 없다."는 주장은 이런 상황을 말해 주는 단적인 예라고 할 수 있다.

4) 한국 전통차의 원형으로서 강진 전통차의 계승 방안

가. 강진 전통차의 계승 방향

앞에서 살펴보았듯이 다산이 창안하여 완성한 강진 전통차는 독창성과 다양성에 있어서 한국 제다사와 차문화사에서 가장 큰 비중을 차지하고 있고, 한·중·일 차문화사 중 고유의 독창성을 지녔기에 한국 전통차의 원형이라고 보는 데 손색이 없다. 그런데 전통차라는 개념은 현물로서 완제된 차와 차탕뿐만 아니라 그것의 전후에 수반되는 제다, 포다, 음다, 수양론적 다도 등 모든 관련 개념이 포함된 '차문화'의 개념으로 전제되고 이해되어야 한다.

또 전통의 계승은 정통의 계승이어야 하고, 정통은 전통의 바른 계통을 시대적 요구에 맞는 가치로서 구현되는 방식으로 표출되어야 한다. 이런 점에서 강진 전통차의 계승은 강진 전통 차문화의 계승으로서, 앞에서 살펴본 다산의 제다 및 차의 특성과 다도정신을 시대적 요구에 맞는 요소들로 취사선택, 보완ㆍ변용ㆍ확충하는 방향으로 나아가야 한다.

다산의 제다 및 다산차의 종류와 특성은 다양하다. 九蒸九曝團茶, 焙(曬) 葉散茶, 三蒸三曬 研膏茶 등이 그것이다. 그리고 이와 유사하지만 동일하지 않은 제다법과 차 종류들은 현대에도 널리 확산돼 있다. 다산 제다와 차의 특성은 그런 유사한 것들을 능가하여 오늘의 시대적 요구를 선도할 수 있다는 장점이 있다. 그것은 실학자이자 창의적 발명가인 다산의 지혜가 낳은 산물이기 때문이라고 할 수 있다.

전통의 계승에는 본질 보전과 변용이라는 문제가 뒤따른다. 강진 전통차의 계승에 따르는 문제는 녹차 지향의 다산차로서 차의 본질을 유지하면서도 어떻게 대중성과 상업성을 확보하느냐이다. 이런 점을 염두에 두고 다음 항에서 좀 더 구체적으로 강진 전통차의 계승 방법을 모색해 보기로 하자.

나. 강진 전통차 계승을 위한 제다법과 차 종류 및 특성

강진 전통차로서 다산차의 제다 및 차 종류와 그 특성은 아래와 같이 분류할 수 있다.

[다산 제다의 시기별 구분에 따른 차 종류와 특성]

1) 초기

① 焙曬 團茶(1805년 혜장에게 보낸 '이아암선자걸명소(貽兒菴禪子乞茗疏)'에서 '焙曬須如法侵漬色方瀅(불에 쬐어 말리기를 제대로 해야 물에 담갔을 때 빛이 해맑다)

② 九蒸九曝 團茶(다산의 시 「범석호의 丙午書懷 10수를 차운하여 淞翁에게 부치다」, 이유원의 『임하필기』 중 「호남사종」, 『가오고략』 중 시 「죽로차」)

③ 蒸焙 團茶(이규경의 『오주연문장전산고』 「도차변증설」, 동국문화사 영인본, 1955, 권56 제4책 809면) (有萬佛寺出茶 丁茶山鏞謫居時 敎以蒸焙爲團 作小餅子 名萬佛茶而已. … 東人之飮茶 欲消滯也)**40** → (보림백모)

2) 중기

① 焙作一斤 잎차(白茶) 및 蒸焙(蒸曝, 蒸曬) 餅茶(團茶)(1818년 「다신계절목」의 기록)

② 晒作 잎차(白茶) ("來時 摘早茶付晒否? 日未及")(1823년 마재로 찾아온 제자 尹種參·尹種軫에게 써 준 친필)

---

40 '爲團 … 作小餅子'는 團茶를 떡(餅) 모양으로, '欲消滯也'는 약성(카테킨) 녹차를 만들었다는 의미.

3) 후기

三蒸三曬 '茶山 茶餠'(연고 녹차)(1830년 이시헌에게 보낸 편지)

위의 표에서 다산 제다법 및 차 종류의 발전은 ① (일반 찻잎)
焙曬, 九蒸九曝·蒸焙 團茶 → ② 焙(晒− 1823년) 어린잎(嫩茶)
백차 및 입하 전 晩茶의 焙曬(蒸曝, 蒸曬) 團茶(餠茶) → ③ 곡우
잎 三蒸三曬(蒸曬) 研膏茶의 순서로 진전됐다.

　일반적으로 다산차의 초기 형태를 餠茶로 알고 있으나, 위
'1) 초기 ①'에서 團茶라 한 것은 焙曬·九蒸九曝·蒸焙의 제다
법에 건조공정(曬·曝·焙)이 있어서 떡차 제다법의 전형인 당대
의 '찻잎을 찌고 짓찧는' 방법과 달랐다는 데 근거를 두고 있다.
당대의 떡차 제다법은 쪄서 짓찧어 젖은 상태에서 떡으로 빚어
서 건조시키는 방법이었고, 다산의 구증구포법은 여러 번 찌고
말리는 방법이었는데, 이는 젖은 상태에서 짓찧어 만든 餠茶의
건조상 문제를 해결한 것이었다고 볼 수 있다. 구증구포라는
말 외에 다른 방법이 추가되지 않은 것은 여러 번 쪄서 말린 것
으로 차를 완제했다는 의미이고, 그때의 차 형태는 散茶 또는
산차를 긴압한 團茶였을 가능성이 높다.

　당시 다산이 만든 구증구포차를 묘사한 이유원의『가오고략』
의 시「죽로차」에는 "떡인데도 붉지 않네"라는 구절과 "한 점 두
점 작설이 풀어져 보이누나"라는 구절이 나온다. 이는 구증구

포차가 산화갈변되지 않은 녹차이고 짓찧거나 가루 내지 않고 잎차를 긴압한 團茶였음을 말해 준다. 젖은 채 짓찧어 떡으로 만든 당대 餅茶가 건조 미흡으로 제다 이후 산화 갈변돼 버린 문제를 해결한 것이다.

또 자하 신위가 자신의 시 「남차시병서」에 초의가 차운하여 화답한 시를 받고 지은 시의 긴 제목에서 초의가 보내온 차를 '보림백모'라고 하고 "떡차 4개를 보내왔다"고 한 것도 우전잎의 白茅가 보이는 團茶 4덩이라는 의미이다. 이 밖에 이유원의 『가오고략』의 시 「죽로차」에서 "…하여 대껍질로 포장했네"라는 말도 보림백모 등 당시 차 형태가 산차를 긴압한 團茶였을 가능성을 높여 준다.

구증구포의 목적은 큰 찻잎의 강한 기운을 덜어 내는 것과 함께 살청을 철저히 하여 카테킨 산화로 생기는 산화갈변 현상을 막기 위한 것이었다고 할 수 있다. 따라서 이렇게 완제된 차를 다시 물에 적셔 떡차로 만들 이유는 없었다고 보는 것이 합리적인 추론이다. ①의 九蒸九曝 방법은 ②의 '焙(晒) 및 蒸曬(曝)'의 과정을 거쳐 ③의 三蒸三曬로 진전되었음을 알 수 있다.

그러나 학술적으로 고찰할 때 위와 같은 계통과 과정을 거쳐 이룩된 창의성과 특장점을 갖춘 다산 제다법과 다산차가 오늘날 제대로 계승되고 있다고 할 수 없다. 특히 다산의 가르침에 따라 이시헌이 제다한 삼증삼쇄 차떡은 다산 제다의 최고 완결품이라 할 수 있으나 그 취지와 내용을 이해하여 재현한 사례를 볼 수 없다.

이현정은 일본 학자 아유카이 후사노신(鮎貝房之進, 1864~1946)의 「차이야기」를 인용하여 '금릉월산차'가 다신계 약속을 100년 이상 지켜 온 증표로서, 1창으로 만들어져 다산의 잎차 제다법이 전승된 것이라고 주장했다.[41] 「다신계절목」, '약조' 항에는 곡우날 어린 차를 따서 불에 말려(焙)(葉茶) 한 근, 입하 전에 늦차를 따서 餠(團)茶 두 근을 만든다고 하였다. 이현정이 말한 위 '금릉월산차'가 「다신계절목」의 엽차 개념에 맞는지는 정밀한 확인이 필요하다.

아유카이 후사노신의 「차이야기」에 '다산 선생 유법의 차'라는 말과 함께,

"…싹은 굵고 길어 1촌(3㎝) 정도가 되는 자못 훌륭한 것으로서, 시험 삼아 그것을 달여 맛보았더니, 차의 향기 등은 거의 없고, 달지도 쓰지도 떫지도 않았기에…"

---

41 제4회 강진차문화학술대회(〈백운동과 차문화〉) 자료집, 2019. 8. 30., 38~39쪽.

라는 대목이 나온다. 완제된 차의 싹이 굵고 길어 1촌 정도 된다는 것은 원료로서 상당히 큰(긴) 생찻잎을 썼다는 것이고, 차향과 맛이 거의 없다는 것은 구증구포하여 만든 團茶였거나 대밭에 난 찻잎을 썼을 가능성을 높여 준다. 「다신계절목」의 잎차 제다 관련 대목에서 1창이나 대밭 찻잎을 썼다는 언급은 없다. 즉 여기서 '금릉월산차'는 다산의 초기 제다에서 본 것처럼 대밭에서 난 찻잎으로 만들어진 구증구포 團茶와 같은 것이 아니었는지 재고할 필요가 있다.

이현정은 또 "포장이 흐트러지지 않도록 얇게 저민 대나무로 프레임을 만들었다."고 했다.[42] 그러나 이 언급이 다산 제다 관련 옛 기록에 근거하고 있다면, '대나무 프레임'이 꼭 잎차 포장용 목적이었는지도 확인할 필요가 있다. 즉 범해의 시 「초의차」에 나오는 '백두방원인(栢斗方圓印)'의 경우처럼 큰 잎으로 만든 구증구포 증제차를 團茶로 죄어 넣는 도구로서 대나무틀을 만들었다고 볼 수도 있다.

이유원은 『임하필기』「호남사종」과 『가오고략 』「죽로차」에서 이렇게 말하고 있다.

강진 보림사 대밭 차는 열수 정약용이 얻었다. 중들에게 구증구

포 방법을 가르쳐 그 품질이 보이차에 밀돌지 않는다. (『호남사종』)

　보림사는 강진 고을 자리 잡고 있으니 / 호남 속한 고을이라 싸릿대가 공물일세 / 절 옆에는 밭이 있고 밭에는 대가 있어 / 대숲 사이 차가 자라 이슬에 젖는다오 / … / 어쩌다 온 해박한 정열수 (丁洌水) 선생께서 / 절 중에게 가르쳐서 바늘 싹을 골랐다네 / 천 가닥 가지마다 머리카락 엇 짜인 듯 / 한 줌 쥐면 움큼마다 가는 줄이 엉켰구나 (『죽로차』)

　위 예문에서 보이차가 비유되고, '바늘싹', '머리카락 엇 짜인 듯 가는 줄이 엉켰구나'라는 표현은 다산의 구증구포 증제차가 대밭 찻잎을 쓴 단차(團茶)였을 가능성을 말해 준다. 또 『조선의 차와 선』(모로오까 다모쓰 · 이에이리 가즈오 공저, 김명배 번역, 도서출판 보림사, 1991년)에는 "'금릉월산차(金陵月山茶)'라고 하는 목판이 옛날에 만들어지고 있었으나, 영암군 미암면 봉황리의 이낙림 (李落林)이라는 사람이 가지고 갔다."(268~269쪽)고 하고, 금릉 월산차의 후속인 '백운옥판차' 제다와 포장에 관하여 아래와 같이 적고 있다(269~270쪽).

　찻잎은 곡우(穀雨)에서 입하(立夏)까지(양력 4월 중순부터 5월 상순)에 딴 것이 가장 좋다. 따는 시기 및 만드는 방법에 따라서 윗 것, 가운데 것, 아래 것이 있다면서 견본을 보여 주었다. 냄새는 보통의 조선차로 풍미 같은 것은 없다. 온돌 냄새가 난다.

가마에서 덖는(또는 시루에 쪄서) 정도는 차가 푸른 색을 잃었을 무렵 불을 멈추고 손으로 조금 비벼서 온돌에 한 시간쯤 말린다. 그때 온돌의 온도는 보통이다.

포장 방법은 소나무 재목의 틀(세로 일곱 치 엿 푼 – 약 25㎝, 가로 폭 세 치 닷 푼 – 약 12cm, 복판에 세로 다섯 치 두 푼 – 약 18㎝, 폭 두 치 – 약 7㎝, 깊이 일곱 푼쯤 – 약 2㎝의 구멍을 뚫은 것)에 넣는다. 틀에 넣고 포장하는 방법은 천으로 된 끈을 놓고, 그 위에 포장지를 깔고, 대나무를 비자나무에 접어서 굽힌 것을 넣고 … 그 속에 정량의 차(60g)를 넣는다. 그러나 완전히 마른 차는 포장할 때 무너질 염려가 있으므로, 솔잎으로 마른 차에 물을 조금 뿌리고 위에서 손으로 잘 누른다.

위의 예문은 백운옥판차 역시 덖거나 찐 찻잎을 가볍게 비비고 말려서(완제된 찻잎에 수분을 남긴 상태로) 나무틀에 넣고 (마른 차는) 솔잎으로 물을 뿌리고 위에서 손으로 눌러서 단차(團茶)로 만들었음을 말해 준다. 단차 복판에 나무틀 형태에 따른 공간을 둔 것은 단차를 덩어리째 들어내기에 편리하도록 한 것이라고 할 수 있다. 이는 또한 범해의 시 「초의차」에 나오는 '백두방원인(栢斗方圓印)'이라는 문구가 암시하는 초의차의 단차 형태와 맥락을 같이한다.

　지금까지 알려진 바로는 백운옥판차는 일제 강점기에 강진 월출산 백운동 근처에 살던 이한영이 제다한 것이라고 한다. 또 이한영은 1830년 다산으로부터 '다산 차떡' 제다를 지시받은 이시헌의 후손이라고 한다. 일부에서는 이러한 사실을 들어 백운옥판차가 다산차를 계승한 것이라고 주장하고 있다. 그러나

구증구포 다산 단차 제다

이시헌이 만든 차는 삼증삼쇄 연고 녹차이고, 오늘날 강진 이한영전통차문화원에서 내놓고 있는 백운옥판차는 잎차(散茶)여서 백운옥판차가 이시헌이 만든 다산차를 계승한 것이라고 볼 수 없다.

위 다산차 제다와 차종류의 특성 분류표를 참고로 하여 오늘날 시대적 요구에 맞는 강진 전통차 계승의 방안을 찾는다면, 늦게 딴 비교적 큰 잎(晩茶)으로도 구증구포를 통해 질 좋은 녹차(散茶나 團茶 또는 研膏茶)를 만들 수 있다는 것이다. 이는 양산(量産)을 통한 가격 경쟁력 확보에도 유리하다. 이를 녹차 단차로 만들거나 곱게 갈아서 말차 또는 '다산 차병'을 만들어 현대적 요구에 맞게 활용하는 방법이 있을 수 있다. 구체적이고 실체적인 방법에 대해서는 후속 추가 연구 과제로 남긴다.

다산 제다 초기의 구증구포 등에 의한 녹차 지향성은 다산 제다 중기에서도 지속된다. 여기서 곡우 날 어린 차(嫩茶)를 불에 쬐어 말려 만든 한 근의(焙作一斤) 차는 백차(白茶)류이다. 명나라 전예형(田藝蘅)은『자천소품(煮泉小品)』에서『싹차(芽茶, 잎차)는 불로 만든 것이 버금가며 날잎을 햇볕에 쬐어 말린 것이 으뜸인데 역시 자연에 더욱 가깝고 또한 연기불의 기운과 단절되었기 때문이다. 하물며 불로 만들 때는 만드는 사람의 손이나 그릇이 더럽거나 불길 맞추기가 마땅치 못하게 되면 모두 그 향

기와 빛깔이 손상된다고 했다.**43**

　다산도 제자들에게 일쇄차(日晒茶)를 만들도록 한 기록이 있다. 다산이 1823년 마재로 찾아온 제자 윤종삼(尹種參)과 윤종진(尹種軫)에게 기념으로 써 준 친필 글씨 속에 나오는 대목이다.

　"올 적에 이른 차를 따서 말려 두었느냐?"

　"아직 못했습니다."**44**

　다산의 중기 제다에서 곡우 날 찻잎을 불에 쬐어 말린 제다법은 일쇄법(日晒法)에서 진일보한 화배법(火焙法)**45**으로서, 일쇄제다의 백차가 찻잎을 햇볕에 말리는 과정에서 산화되는 문제를 해결하여 녹차로서 신선한 다신(茶神)이 보전된 백차를 제다하는 방법이다. 이는 국내외의 다른 차 관련 기록에는 보이지 않으므로 다산이 창안한 제다법이라고 할 수 있다.

43　당나라 육우의 『다경』(제5장 차 달이기)에는 "볕에 말린 차(日晒茶, 日乾茶)"가 보인다. 또 명나라 도융(屠隆)이 남긴 『다전(多錢)』의 「햇볕에 쬐어 말린 차(日晒茶)」조에 "차는 햇볕에 쬐어 말린 것이 보다 훌륭하다."고 적혀 있다. (정동효·윤백현·이영희, 『차생활문화대전』, 2012.7.10.)

44　정약용, 「여금계기숙」: "來時 摘早茶付晒否? 日未及" 윤영상 소장. 정민, 『새로 쓰는 조선의 차문화』, 김영사, 2011, 124~125쪽.

45　焙曬라는 말은 1805년 4월 다산이 혜장에게 보낸 걸명시 「혜장 상인에게 차를 청하며(寄贈惠藏上人乞茗)」에 제다를 설명하는 말(焙曬須如法)로 나오고, 이에 대한 혜장의 답시 「答東泉」에도 "但其焙曬如佳 謹兹奉獻也(다만 불에 말리고 햇볕에 쬐기가 잘 되면 삼가 받들어 올리겠습니다)"라는 구절에 나온다.

화배법(火焙法)은 덖음차 제다법인 초배법(炒焙法)과 유사하나 다산차의 경우 곡우 날 딴 어린잎(嫩茶)이어서 센 불로 덖기(炒, 또는 볶기)보다는 약한 불에 쬐어 약 살청과 말리기(焙)를 겸했을 것이다. 또는 배쇄법(焙晒法)이라고 하여 '焙'의 공정만 거친 것에 습관적으로 '晒'라는 말을 붙였거나 焙의 과정에서 찻잎 겉에 남은 물기를 밖에서 말리는 과정을 더 거쳤을 수도 있다.

이런 사실에 비추어 보면 한국 제다사에서는 초의가 『다신전』을 통해 명대의 초배법을 소개하기 전에 초배법보다 선진적인 증배법 및 火焙法(焙曬法)이 사용되고 있었다고 할 수 있다. 또 화배법이 사용된 점에 비추어 다산에 의해 또는 대중지성에 의한 자연발생적으로 화배법의 진전인 초배법도 사용되었을 가능성도 있다.

초기의 焙曬 · 九蒸蒸曝 · 蒸焙 團茶 및 중기의 焙(晒) 白茶 제다와 함께 후기의 三蒸三曬 '다산 차병(茶山 茶餅)'[46] 제다 역시 중국 제다사에서는 찾아볼 수 없는 한국 제다사 특유의 제다법과 차종류라고 할 수 있다. 茶山 茶餅 제다는 앞 초기와 중기 및 이전의 차에 관한 다산의 경험과 지식이 집대성된 결실이라

---

46 다른 떡차(餠茶)류와 구별하기 위해서 다산이 지칭한 '차떡(茶餅)'의 의미를 존중하여 '다산 차병'이라 부른다. 다산은 1830년 이시헌에게 보낸 편지에서 일반 병차와는 판이하게 다른 제다법을 지시하면서 일관되게 '茶餅'이라는 이름을 사용하였다.

고 할 수 있다. 거친 잎 녹차 단차 제다의 구증구포 증포법, 어린잎 고급 녹차 산차 제다의 배쇄법 및 차종류의 지향이 삼증삼쇄 연고차 제다로 묘합, 수렴되었다고 볼 수 있기 때문이다.

앞의 '3 - 나 - 2)'항에서 살펴보았듯 다산 차병 제다에서는 실사구시의 철학자이자 과학자였던 다산이 차에 있어서 추구했던 창의성과 그에 따른 실효성을 파악할 수 있다. 다산 차병의 특성과 장점을 한마디로 표현한다면 산화 변질되지 않는, 차의 본래성을 항상(恒常)되게 유지하는 높은 효능의 고품질 녹차라는 것이다.

다산 차병을 餅茶(떡차)가 아닌 '茶餅(차떡)'으로 만든 것은 포장 및 운반상 편의 외에 삼증삼쇄하여 말려서 가루를 낸 것은 지나치게 강한 기운을 누그러뜨리면서도 더 이상 산화변질되지 않도록 한 지혜의 발휘였다. 이는 후기 연고차가 진액을 거의 짜내어 '건강 수양 음료'로서의 차의 효능을 발휘하지 못한 것과 비교되면서 오늘날 가루녹차인 말차보다 선진적 차였음이 입증된다고 할 수 있다.

다. 강진 전통차 계승의 모델 제시

한국 전통차로서 현대적 계승의 가치가 있는 다산차의 특성 · 창의성 · 다양성을 보여 주는 모델로, 본 연구 과정에서 실험적으로 제다한 '다산 차떡'의 제다 공정 및 점다의 내용에 관하여 고급 녹차로서 연고차, 고급 산화발효차로서 연고차 등 두 사례를 관련 사진과 함께 설명하여 제시한다.

① 茶山 茶餠(차떡) 연고 녹차

(아래는 다산 차떡 연고 녹차를 점다하여 격불한 모습)

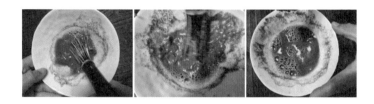

위 ①은 다산이 이시헌에게 가르친 다산 차떡 제다법인 삼증 삼쇄하여 곱게 갈아 샘물로 이겨 떡으로 만들어 건조시킨 것이다. 곡우 무렵의 어린잎(嫩茶)이므로 구증구포가 아닌 삼증삼쇄로써 충분히 살청한 것이고, 바짝 마른 찻잎을 미세하게 갈아 물에 반죽하며 찻잎 가루 표면에만 묻은 물이 접착제 역할만 하고 찻잎 속으로 스며들지 않아서 건조 과정에서 추가 산화 또는 가수분해 현상을 일으키지 않고 신속히 마른다.

이 차떡 덩이를 찻잔 안에 넣고 점다(點茶)식으로 물방울을 떨어뜨리면 덩이가 서서히 풀리면서 죽처럼 된다. 이를 일본 말차 마시는 방법으로 격불하면 흰 거품이 일겠지만, 다산은 그대로 죽처럼 마셨다.

카테킨이 충분히 보전돼 있어서 약간 쓰고 떫은맛이 나지만 삼증삼쇄한 결과로 예상보다 쓴맛이 강하지는 않다. 대신 녹차의 신선한 향과 맛이 잘 보전돼 있다. 이 차떡 덩이를 조금씩 갈라서 포다법(泡茶法)으로 우려 마시면 잎녹차보다 진하고 깔끔한 향과 맛이 난다.

미세한 가루여서 온전한 잎녹차에 비해 침출면적이 대폭 넓어졌기 때문이다. 이런 점들이 다산 차떡을 오늘에 재현하여 계승할 만한 가치에 해당한다고 생각된다. 餠茶(떡차)를 불에 굽고 가루 내어 달여 내는 전다법(煎茶法)의 번거로움에서 벗어나 점다법(點茶法)이나 포다법(泡茶法)으로 훨씬 효율적으로 우려낼 수 있다.

② 다산 차병 연고 산화발효차

(아래는 다산 차떡 연고 녹차를 점다하여 격불한 모습)

②는 앞의 ①과 똑같은 공정인데 모차(母茶)가 반산화발효차(차종류 청차)로서 ①의 녹차와 차 종류가 다른 것이다. 이는 현대의 기호성 산화·발효차류 선호 추세에 따라 다산 제다의 창의성을 활용해 본 것이다.

즉, 요즘 거론되는 병차 또는 보이차를 비롯한 떡차·단차류가 거칠고 젖은 잎을 덩이로 만든 탓에 불완전 건조로 인해 도중에 바라지 않던 방향으로 향과 맛이 변질돼 버린 문제를 해결하고, 명말청초에 나온 덖음방식 산화차 제다원리에 따라 원하는 정도의 정상적인 산화에 그치도록 하고, 이것을 다산 차병 제다법에 따라 미세한 분말로 갈아서 분말 겉표면에 물을 접착 기능용으로 묻혀 덩이차 내부를 진공화하는 방법으로써 불완전 건조 문제를 해결하여 산화차의 향과 맛의 항상성(恒常性)을 유지하도록 했다. 그냥 잎차로 우린 것보다는 향과 탕색이 훨씬 강했다. 미세 분말이어서 침출 표면적이 훨씬 넓어진 탓에 깊은 향과 맛이 우러나온 것으로 보인다.

이 밖에 여타 다산차의 현대적 활용 방안에 대해서는 그 부분에 특화 집중하여 심도 있는 연구를 할 필요가 있기에 추가적 연구 과제로 남긴다.

라. 다산의 다도정신

차에는 다도(茶道)라는 차문화가 따라붙는다. 다도는 모든 식음료 중 차에만 수반되는 문화양상으로서 차 성분의 효능에 기인하여 차의 차별성을 돋보이게 하는 요소이다. 강진 전통차의 계승이란 제다법이나 단순한 완제품으로서 외형적이고 물질적인 차뿐만 아니라 강진 전통차 제다 및 음다 과정 전반에 스며 있는 차정신까지를 포괄하는 전통 차문화로서의 계승이어야 한다. 따라서 강진 전통차 계승의 또 다른 과제로서 강진 전통

차의 차정신, 즉 다산이 강진 차의 제다와 음다 등의 찻일(茶事) 과정을 통해 배양하고 실천하고자 했던 마음자세나 정신적 지향이 어떠했는지를 살펴봐야 한다.

다도정신이란 제다에서 포다와 음다의 과정을 통해 차의 도움으로써 심신을 수양하고 선한 본성을 배양하여 사회에 실천하고자 하는 시대적 이념 또는 원만한 사회생활을 위한 사상적 지침이라고 할 수 있다. 따라서 다도사상이란 제반 찻일(茶事)을 통해 심신에 체득되는 과정을 필요로 한다. 또 심신에 체득되는 과정은 제다에서 포다에 이르는 공정에서의 현장 실천 및 음다 명상을 통한 배양 과정으로 나눠 볼 수 있다.

다산의 다도사상을 파악하기 위해서는 다산이 유학의 개혁을 지향한 실학자였다는 점에서 당시 성리학의 최고 이념이었던 誠을 강진 차를 통해 어떤 모습으로 실전하고 구현하고자 했는지를 확인해 보는 것이 관건이다. 또 다도는 근원적으로 수양론적 성격을 담지하고 있다는 점에서[47] 다산의 다도사상을 다산의 수양론과 연계하여 파악해 볼 수도 있다.

다산은 당시 조선의 통치이념이자 지배적 가치관인 성리학이

---

[47] 다도라는 말은 당대 봉연의 『봉씨견문기』에서 처음 사용되었고, 그 의미가 교연의 시와 노동의 『칠완다가』에서 득도라는 수양론적 개념으로 제시되었다. 또 道는 유·불·도가 사상에서 수양을 뜻하는 용어로 쓰인다.

이상적인 인격인 성인(聖人)을 달성하는 데 한계가 있다고 판단하고 사회적·실존적 위기를 극복하기 위해 독자적인 수양론 체계를 구성하였다. 다산은 수양론의 방법론에 있어서 신독(愼獨)·서(恕)·성의(誠意), 경(敬)을 중시했는데, 성리학자들이 恕(공자의 一以貫之)를 윤리적 원리가 아닌 형이상학적 원리로 해석함으로써 일생생활에서의 행동방식과는 아무런 상관도 없는 것으로 만들었다고 비판했다.[48] 임·병 양란 이후 민생이 어렵고 사회질서가 문란한 상황에서 유학자들이 실천행위가 결여된 성리학의 학문에서 탈피하지 못한 채 심리수양만 중요시한 것을 비판한 것이다.

다산은 유학에서 추구하는 자기 수양의 핵심이 힘써서 행함(力行)을 통해 마음을 다스리는 것이라고 보았다. 즉, 마음을 다스리는 수양(內省的 修養)은 수양에 합당한 행위의 실천이 이루어지는 경우에만 성립된다는 것이다. 그러므로 마음을 기르고자(養性) 하되 마음을 구속하는 행위의 실천 없이 마음이 닦아질 수(修心) 없다는 것이다.[49] 이를 '행사적 수양(行事的 修養)'이라고 한다. 행사적 수양은 '실제적인 삶의 도덕적 상황에서 가치를 실천하는 수양'을 의미한다. 이는 삶의 문제를 초월하여 이루어지는 내성적(內省的)인 수양이 아니라 생활 중에 직면하는 도덕

---

48 『여유당전서』, 2.2, 19b.

49 최성민, 『마음 – 비우·채우기·기르기』, 책과나무, 2022, 283~284쪽.

적 문제 사태에서 가치와 도리를 각성하고 실천하는 수양을 의미한다.

　다산은 행사적 수양론의 입장에서 신독(愼獨)을 동시(動時)의 수양이라고 강조하며, 誠意나 敬도 인간관계의 도리와 규범을 적극적으로 실천하는 행사적 수양이라고 간주한다. 다산은 내성적 수양과 행사적 수양의 동시적 필요성 중 행사적 수양을 강조한 것이다. 誠 이념 배양을 위한 다산의 행사적·실천적 수양방법론에 관해서 아래의 글을 참고할 만하다.

　다산은『대학』과『중용』의 해석에서 성(誠)을 신독(愼獨)과 동일시하였다. 계신공구(戒愼恐懼)를 핵심으로 하는 성(誠)은 수양(修養)의 측면에서 자아성찰, 덕(德)의 구현, 초월적 존재에 대한 외경(畏敬)이 특징이다. 자아성찰에 초점을 둔 수신(修身)에 더하여, 그는 덕(德)의 실현을 위해 인간관계에서의 구체적 실천을 강조하고, 나아가 외경(畏敬) 대상으로 상제천(上帝天)을 강조함으로써, 인간은 왜 도덕적으로 살아야 하는가의 근본적 물음에 대해 성찰하게 해 준다. 다산의 성(誠) 수양은, 개념에 집착하는 현대인들에게 개념을 새롭게 구성하고 개념을 넘어섬으로써 인간의 본질을 성찰할 수 있게 해 준다는 점에서 의미가 있다. 더불어 도덕교육에서 이러한 수양법으로, '청소년들의 명상과 집중을 통한 자아성찰', '관계성의 본질에 대한 파악을 통한 덕의 실현', '초월적 존

재에 대한 외경성의 함양을 통한 겸손과 공경'을 가르칠 수 있다는 점에서 그 의의를 찾을 수 있다.[50]

이와 같은 이론적 바탕 위에서 다산의 다도정신을 실증적으로 파악할 수 있는 자료로서 「걸명소」와 「다신계절목」을 살펴보자. 「걸명소」에서 다도정신과 관련된 부분은 내성적 수양 방법(다도명상을 통한 다도정신 배양)의 지침으로서, 「다신계절목」에서는 다산의 다도정신의 행사적 수양(실천을 통한 체득)의 장으로서의 성격을 고찰해 보자는 것이다.[51]

먼저, 「걸명소」의 해당 부분을 살펴보자.

나그네는 / 근래 다도(茶饕)가 된 데다 / 겸하여 약용에 충당하고 있다네 / 글 가운데 묘한 깨달음은 / 육우의 『다경』 세 편과 온전히 통하니 / 병든 숫누에는 / 마침내 노동의 일곱 사발 차를 마셔 버렸다오 / … / 아침 해가 비추어 비로소 일어나니 / 뜬구름은 맑은 하늘에 환히 빛나고 / 오후 잠에서 갓 깨어나자 / 밝은 달빛은 푸른 냇가에 흩어진다[52]

---

50 장승희, 한국도덕윤리과교육학회 『도덕윤리과교육』 제35호, 초록, 2012.04.

51 초의는 『동다송』(제60행 註釋)에서 다도를 "채진기묘~포득기중"으로 규정하고, 뒤에 음다지법으로서 "독철왈승~칠팔왈시"로 소개하여 각각 行事的 茶道修養 및 內省的 茶道修養의 장면으로 제시하였다.

52 旅人/近作茶饕/兼充藥餌/全通陸羽之三篇/病裏雄蠶/遂竭盧仝之七碗/…/朝華

다산이 다도(茶饕)가 되어 차를 매우 좋아한 까닭은 차가 약용도 겸했지만『다경』에서 말한 오묘한 깨달음을 얻게 해 주기 때문이니, 차를 노동이 '칠완다가'에서 표현한 바와 같은 득도의 음료로 마셔 버렸다고 했다. 또 아침 해가 비추어 비로소 일어나니, 뜬 구름이 하늘에 환히 떠 있고, 오후 잠에서 막 깨어나니, 밝은 달빛이 푸른 냇가에 흩어진다고 하여 자연의 청기(淸氣)가 충만하여 차 마시기 좋은 때를 말했다.

이때 차를 마시는 일은 초의가『동다송』에 소개한「음다지법(飮茶之法)」의 '독철왈신(獨啜曰神)'53에 해당한다. 이런 표현들은 다산이 차를 약용뿐만 아니라 수양의 매체로서 마셨음을 알게 해 준다. 여기에서는 동양사상 전반에 존재론으로서 포진(布陣)된 기론적 수양의 요소가 보인다. 이는 음다 명상을 통한 다도정신의 배양이라는 내성적 수양(內省的 收養)의 측면으로 파악될 수 있다.

다산의 다도정신의 성격 및 현장 실천을 통한 다도정신 체득의 장면, 즉 행사적 수양(行事的 收養)의 측면을 확연히 알 수 있게 해 주는 자료는「다신계절목」이다. 우선 '다신계'라는 명칭에서 차

始起/浮雲晶晶乎晴天 /午睡初醒/明月離離乎碧磵

53 차를 홀로 마심은 茶神이 음다인의 심신의 氣를 神의 단계(정→기→신)로 승화시켜서 그 신의 신통력과 더불어 자연의 淸氣와 공명케 함으로써 자연합일의 득도의 경지(신)에 이르게 한다는 의미.

(茶)와 신의(信義)의 수양론적 상징성을 파악할 수 있다. 『설문해자』에 따르면 信은 '人+言'이고 誠은 '言+成'이다. 둘은 각각 사람의 말의 중요함, 말을 이루는(지키는) 일의 중요성을 뜻하는 한자로서 같은 의미이다.

즉, 信은 성리학의 최고 이념인 誠과 같은 의미이다. 다신계라는 명칭은 차의 덕성이 信(誠)이라는 의미와 함께 차의 덕성을 본받아 신의를 지키는 모임이라는 의미라고 할 수 있다. 또 다산이 '다신계'를 중심으로 꾸준하게 각종 제다법과 차 종류를 창안하고 발전시킨 과정에 일이관지(一以貫之)된 맥이 녹차로써 변하지 않는 차의 본래성을 추구한 것임을 볼 때 茶와 茶事를 통해 信과 誠을 확인하고 함양·체득하고자 했음을 알 수 있다.

「다신계절목」서문 격인 '첨의(僉議)'에는 "사람에게 귀한 것은 신의가 있는 것이다. 무리로 모여 서로 즐거워하다가 흩어진 뒤에 서로를 잊는 것은 금수(禽獸)의 도리이다."라고 하였고, 말미 '다산 발문(跋文)' 대목에서는 다산이 강진 유배 생활 초기에 백성들이 모두 두려워해서 문을 부수고 담을 헐면서 편안히 지내는 것을 허락하지 않은 상황에서 좌우가 되어 준 송병조(宋秉藻)와 황상(黃裳) 등 6인의 이름을 각별히 거명하여 인간적 신의의 표상이었음을 강조하였다. 이런 점에서 다산이 다산 제다 후기에 녹차로서 차 본래의 차성을 오랫동안 산화갈변되지 않게 유지하는 고급 녹차 다산 차병을 창안하여 대미를 장식한 것은 상징성이 매우 크다고 하겠다.

다산이 誠과 信을 동일시하고 중시했음은 그의 역작『주역사전(周易四箋)』에서도 확인할 수 있다. 우선『주역사전』건괘(乾卦)의 괘사(卦辭) 원형이정(元亨利貞) 중 형(亨) 자 풀이에서,

"亨者 通也, 感而遂通也 离虛其心 爲誠爲信 (見中孚) … 其在乾卦 雖無离形(卦無斷) 於离之位(一 二 三) 三陽自强此 至誠無息也 則感而遂"

亨은 通함의 뜻이니 감응하여 마침내 통하는 것이다. 离(괘)는 마음을 비운 것이니, 성실함(誠)이 되고 믿음(信)이 된다(中孚卦를 참조할 것). … 건괘에는 卦 모습에 끊어짐이 없어서 비록 离의 형태는 없지만 离의 자리에서 (1·2·3位는 본래 离位) 세 개의 陽이 스스로 굳세니 이것이 이른바 '지극정성은 쉬지 않는다'이다. 즉, 하늘을 감동시켜 마침내 통하게 되니….[54]

라고 하였다. 또 중부(中孚)卦(䷼)의 부(孚) 자 풀이에서,

"朱子曰 孚字 從瓜從子 如鳥抱子之象 … 交之中孚則 大离之信 (兼

54　다산 정약용 지음, 방인 · 장정욱 옮김,『역주 주역사전 1』, 소명출판, 2013, 231쪽.

劃离) 洞然中虛 (三四柔) 此之謂 中孚也"

주자가 말하였다. 孚자는 손톱 爪자와 아들 子자의 결합이니, 마치 새가 새끼를 품고 있는 상과 같다 … (大過卦로부터 交易하여) 중부괘가 되면 대리의 믿음이 있어서(중부괘를 겹획하며 离의 형태) 그 (마음) 한가운데 확 트여 있으니 (제3, 4위의 柔) 이것을 일려 중부라고 한다.[55]

라고 하였다. 즉, 주역 8괘 중 离卦(☲)는 가운데 효가 중간이 단절돼 마음을 비운 것과 같으니, 誠과 信의 의미가 있다. 중부(中孚)卦(䷼)의 1-2, 3-4, 5-6효를 각각 한 효씩으로 겹쳐 놓으면 离괘(☲)와 같은 상이 되니 중부(中孚)卦는 큰 离괘(☲), 즉 큰 믿음이 있는 것인데, 그 가운데(中)가 확 트여 있어서 중부(中孚)라고 했다는 것이다.

孚라는 글자는 새가 새끼를 품고 있는 형상이어서 信의 의미이고 중부(中孚)卦(䷼)는 '큰 믿음'의 의미를 갖는다. 이런 연유에서인지 다산은 초의의 자(字)를 '中孚'라 지어 주었다. 이처럼 '다신계'와 '중부'의 말뜻을 통해 다산이 성리학의 최고 이념인 誠과 信을 중시하여 강진 유배 시절 다도정신으로 삼았음을 이해할 수 있다.

---

55   위 책 7권. 24~25쪽.

다산을 시간적으로 전후한 한재와 초의가 각각 '경지'의 다도와 '과정'의 다도만을 언급한 데 대해 다산이 내성적 수양 및 행사적 수양을 모두 다도에 포함시킨 내력을 살펴봐야 한다. 다산은 한재와 같은 극한적 정치·사회적 상황에 놓여 있었고, 실학자로서 실사구시적 실천의 중요함을 알았다. 또 귀양객이면서 체증이 심하여 차를 필요로 했는데, 마침 머물게 된 다산 초당에 야생차가 많아 아예 호를 '茶山'이라 짓고 제다와 차생활에 전념하게 되었다.

　다산은 해배(解配)되기 2년 전인 1817년『경세유포』안에「각다고」를 넣어 국가의 차 전매제도에 의한 국부론을 주장하기도 했다. 차에 대한 남다른 인식을 보여 준 것이다. 차와 관련하여 이처럼 개인적 사회적 국가적 과제를 안고 있었던 실학자이자 발명가였던 다산은 그런 맥락에서 한재의 '경지'에 '행사적 수양'이라는 과정적 실천을 더해 '한국 수양다도'의 빈칸을 채운 것이라고 할 수 있다. 이런 점에서도 다산은 한국 전통 차문화의 창시자이자 부흥조라고 할 수 있겠다.

　이상과 같은 서사(敍事)에서 알 수 있는 것은 다산이 제자들로 하여금 '다신계'를 결성하도록 한 취지가 모임을 이루어 함께 차를 만들고 글을 짓는 일을 통해 인간적 신의를 다지고 유지하도록 한 것으로서, 찻일(茶事)을 통한 다산의 행사적 수양론의 한 모습이라고 할 수 있다.

중요한 문제는 '다신계'를 통해 표출된 다산의 이러한 다도사상을 강진 전통차 홍보와 대중화를 위한 스토리텔링으로 어떻게 활용하는가 하는 것이다. 더 세밀하고 실용적인 방법은 추가적인 연구의 과제로 남긴다. 다만 한 예를 제시한다면 현행 강진차인엽합회를 현대판 '다신계'로 이름을 덧붙여 「다신계절목」을 포함하여 위 ①, ②의 제다를 다신계 정신에 따라 실천하고 축제 행사로 확대시켜 나가는 방안이 있을 수 있겠다.

마. 강진 전통차의 현대적 계승 필요성과 그 방안

이상에서 파악된 바와 같이 강진 전통차는 야생차 산지라는 강진의 자연 입지직 특성에 다산이라는 특출한 실학자이자 발명가의 창의성이 더해져 한국 제다사를 독창성과 다양성으로 채운 노정(路程)의 결실이다. 오늘날 한국 차농과 차산업이 전통 차문화의 정체성 상실로 말미암아 위기를 겪고 있는 국면에서 강진 전통차를 한국 전통차와 전통 차문화의 원형으로 선양하는 노력은 여느 때보다 절실하다고 하겠다. 강진 전통차 선양 방안은 두 측면에서 강구되어 하나로 통합될 필요가 있다.

첫째는 다산이 세 구간의 시기(초기, 중기, 후기)에 걸쳐 창안하여 닦아 낸 구증구포 團茶(늦은 찻잎으로 만든 대량생산용 녹차), 焙(曬) 葉散茶(곡우 무렵 어린잎으로 만든 白茶) 및 고급 餠茶(입하 전 晩茶로 제다한 차), 삼증삼쇄 茶山 茶餠(고급 녹차 研膏茶)을 오늘에 재현해 내는 일이다.

이 세 종류의 차는 차의 본래성 보전 원칙에 따라 제다된 것으로서 대중성과 고급성, 단차·산차·말차의 형태적 다양성으로써 상업성을 갖춘 것이어서 산업적으로 부양시킬 가치가 있다고 판단된다. 우선 강진 전통차를 한국 전통차로서 선양하는 구체적인 실천 방안으로, 현재 운영 중인 강진 명차 품평대회나 강진 차문화학술대회를 확대 개편하여 전국적인 전통차문화캠프 행사로 탈바꿈시킬 필요가 있다.

둘째는 차와 불가분의 관계로 차소비 확충의 문화적 기반이 되고 차산업 진흥의 영양제가 되는 스토리텔링으로서 다산의 다도정신을 차에 담아 구현해 내는 도구로서 '강진차 다도(다산다도)'의 정립이다. 다산다도는 다산이 '다신계'를 결성하도록 한 취지가 차모임체와 차생활 실천을 통해 信義를 배양하도록 한 데에서 의의를 찾을 수 있다.

반자연, 인간관계의 상극화 시대인 오늘날 다산의 信과 誠을 추구하는 수양론적 다도정신은 우리의 극심한 마음고통을 치유

하여 인간 본성을 회복시키는 치료제가 될 수 있다. 이런 강진 차 다도(다산다도)를 실천하는 현실적인 방안은 오늘의 '다신계' 를 결성하여 「다신계절목」의 현대판 버전으로 운영하는 것이 한 가지 방법이 될 수 있다. 이미 결성돼 운영 중인 강진차인연합 회가 중심이 되어 현대판 다신계를 전국적 조직으로 확대하는 방안을 모색해 볼 필요가 있다.

위 두 방향의 강진 전통차 선양책은 결국은 하나의 큰 흐름 으로 통합되어 나아가도록 하는 게 바람직하다. 전통차와 전통 차문화는 동전의 양면과 같기 때문이다. 문제는 이 의제를 지 자체 지원의 지역축제에서 국비 지원의 전국 또는 세계 축제화 하는 것인데, 이에 관한 구체안은 또 다른 연구 과제로 남긴다. 여기에는 내년에 개최 예정인 하동 세계차엑스포나 보성에서 열리고 있는 보성세계차축제의 비비점을 반면교사로 삼을 필요 가 있겠다.

이와 함께 다산초당이나 사의재 등 유서 깊은 장소를 택하여 강진 전통차 성역화 사업을 벌일 필요가 있다. 이를 통해 강진 을 한국 전통 차문화의 발상지로 만들고 단기 · 중기 · 장기 계 획으로 강진에 넓게 산재해 방치된 야산을 야생차(野生茶)로써 다산화(茶山化)하여 강진 전통차 원료 공급원 겸 '강진차 힐링 다 산수목원'으로 활용하는 방법도 구상해 볼 수 있겠다.

3

결론

  한국 전통차와 전통 차문화의 정체성 상실이 한국 차농과 차산업의 위기로 이어지고 있다. 이런 국면에서 강진 전통차의 정체성 탐구는 곧 한국 전통차의 원형 복원과 계승을 위한 핵심 작업이자 한국 차의 위기 돌파를 위한 대안 마련이라고 할 수 있다.

  다산이 강진 유배기에 사신의 호를 茶山이라 짓고 다산초당에 들면서부터 본격적으로 시도한 강진 전통차 제다는 이전의 중국 제다의 이론을 섭렵한 후 『부풍향차보』와 『기다』에 기록된 한국 전래 제다의 다양성을 취합하고, 여기에 실학적 발명가 다산 특유의 독창성을 가미하여 한국적 전통 제다의 원형을 창시한 것이었다. 다산이 다산초당 시절과 해배 이후 창안해 낸 창의적이고 다양한 제다법과 차 종류 및 특성은 일찍이 중국과 일본의 제다사나 차문화사에 없었던 것이다.

  이번 연구로 밝혀진 다산의 강진 전통차 제다의 시기별 구분에 따른 차 종류와 특성은 다음과 같다.

[다산 제다의 시기별 구분에 따른 차 종류와 특성]

1) 초기

① 焙曬 團茶(1805년 혜장에게 보낸 '이아암선자걸명소(貽兒菴禪子乞茗疏)'에서 '焙曬須如法侵漬色方瀅(불에 쬐어 말리기를 제대로 해야 물에 담갔을 때 빛이 해맑다)

② 九蒸九曝 團茶(다산의 시 「범석호의 丙午書懷 10수를 차운하여 淞翁에게 부치다」, 이유원의 『임하필기』중 「호남사종」, 『가오고략』중 시 「죽로차」)

③ 蒸焙 團茶(이규경의 『오주연문장전산고』「도차변증설」, 동국문화사 영인본, 1955, 권56 제4책 809면) (有萬佛寺出茶 丁茶山鑰謫居時 敎以蒸焙爲團 作小餠子 名萬佛茶而已. … 東人之飮茶 欲消滯也) → (보림백모)

2) 중기

① 焙作一斤 잎차(白茶) 및 蒸焙(蒸曝, 蒸曬) 餠茶(團茶)(1818년 「다신계절목」의 기록)

② 晒作 잎차(白茶) ("來時 摘早茶付晒否? 日未及")(1823년 마재로 찾아온 제자 尹種參·尹種軫에게 써 준 친필)

3) 후기

三蒸三曬 '茶山 茶餠'(연고 녹차)(1830년 이시헌에게 보낸 편지)

이번 연구에서는 또 다산이 제다와 차 종류에서 발휘한 창의성 못지않게, 그것들에 기반한 다도정신을 信(誠)으로 내세워 매우 중시했음이 확인되었다. 즉 다산이 고도의 정성을 들여 녹차 제다에 일관하고 그것을 후기에 '다산 차병' 제다로 결실케 한 것은, 녹차가 차의 본성과 항상성(恒常性)을 유지하는 차라고 판단했기 때문이다. 다산은 녹차 제다에서 만물(사물과 인간)의 선성(善性)과 恒常性의 의미로 信과 誠을 파악하고, 다신계와 제자들의 제다를 통해 그 정신을 배양하고 실천하는 행사적 수양을 도모했던 것으로 파악된다.

그러나 한국 차계와 차학계 일부의 한국 차문화 불교중심설과 한국차 중흥조 논쟁의 사실 왜곡이 한국 제다사에 선연하게 기록된 다산의 제다와 다산차의 자리를 덮고 지우는 역할을 해 오고 있다. 이런 상황에서 이 연구의 결과로 다산 제다의 창의성과 다산차의 특성 및 다양성, 다산의 고결하고 뚜렷한 다도정신 제창 등 강진 전통차의 정체성이 깊고 넓게 파악되었다.

이 연구의 결과는 한국 제다사에서 차지하는 비중으로 볼 때도 그렇고, 제다와 차 종류의 독창성 및 다산의 남다른 다도정신 제창 면에서 강진 전통차가 한국 전통차의 원형이자 계승되어야 할 정통적 가치를 지니고 있다는 사실을 말해 준다.

* 참고문헌

1. 經典 및 古書

- 『周易』

- 『中庸』

- 『茶賦』(寒齋 李穆)

- 『周易四箋』(茶山)

- 『다신전』(草衣)

- 『동다송』(草衣)

2. 단행본

- 장입문 주편, 김교빈 외 옮김, 『기의 철학』, 예문서원, 2012.

- 지우지평 지음, 김봉건 옮김, 『다경도설』, 이른아침, 2005.

- 정민, 『다시 쓰는 조선의 차문화』, 김영사, 2011.

- 최성민, 『마음−비우기 채우기 기르기』, 책과나무, 2022.

- 최성민, 『신묘』, 책과나무, 2021.

- 최성민, 『차와 수양』, 책과나무, 2020.

- 박동춘, 『초의선사의 차문화 연구』, 일지사, 2010.

- 박동춘 · 이창숙, 『초의 의순의 동다송 · 다신전 연구』, 이른아침, 2020.

– 정민·유동훈,『한국의 다서』, 김영사, 2020.

3. 논문

– 이현정,「한국 전통 제다법에 관한 융복합연구」, 2018, 목포대 대학원 박사학위 논문.

– 유동훈「다산 정약용의 고형차 제다법 고찰」, 2015, 한국차학회지 21권 1호.

– 최성민,「한국 수양다도의 모색」, 2017, 성균관대 대학원 박사학위 논문.

4. 기타 자료

– 2017년 제2회 강진 차문화학술대회 자료집,「다신계와 강진의 차문화」

– 2019년 제4회 강진 차문화학술대회 자료집,「백운동과 차문화」

– 2020년「강진 야생수제 정차(떡차) 브랜드개발사업 연구용역 보고서」

– (목포대)국제차문화·산업연구총서7『고려황제 공차 보성 뇌원차』, 2020, 학연문화사.

* 이 논문은 2022년 강진차문화 학술대회 주제 발표문 입니다.

Ⅲ

다산의 차정신과
한국전통제다 · 한국수양다도의 연계성

– 전통제다와 한국수양다도의 매체 신묘(神妙)의 원리적 해석

1

서론

　차와 차의 문화적 본질인 정신성을 근간으로 하는 차문화는
직결돼 있다. 또 우리가 일본 그린티와 '일본 다도'의 관계에서
볼 수 있듯이 차문화는 차생활과 차소비에 대한 인식을 고양시
킴으로써 차산업의 스토리텔링이 된다는 점에서 차-차문화-차
산업은 서로 뗄 수 없는 관계이다. 이 삼자 관계에서 차문화는
중간에서 좌우의 차와 차산업을 추동하는 중심축이 되고 있다.

　차문화는 차생활 가운데서 정신문화적 성격을 띠고 있는 범
주인 다도(茶道)를 핵심 내용으로 한다. 다도는 차로써(또는 차와
더불어) 심신 수양을 하는 일이다. 여기에서 차에 담긴 어떤 원
리가 인간의 심신 수양을 가능하게 해 주는지, 물질적인 차가
어떤 원리로 인간의 정신적 수양원리나 그 기제로서 승화되고
작동할 수 있는지에 대한 규명이 필요하다.

　한재 이목은 『다부(茶賦)』에서 차를 마시고 이르는 경지에 대
해 아래와 같이 말하였다.

"神動氣立妙 是亦吾心之茶"

다신이 심신의 기를 승화시켜 신명이 작동하는 경지에 들게 하니, 이것이야 말로 망아(忘我)의 마음을 갖게 하는 차로다.

이는 차가 물질적인 정체성에서 정신적인 정체성(茶神)으로 승화(氣化)되어 끽다인의 심신 수양의 매체로 작용한다는 의미이다. 이러한 상황을 다도라는 정신문화적 개념으로 정리할 때 다도가 지향하는 정신적인 지표가 있을 것이다. 선현들은 그것을 차정신 또는 다도정신이라 했다.

특출한 유학자이자 실학자로서 수양론적 개념인 신독(愼獨)을 강조했던 다산이 어떤 다도정신을 지녔던가를 살펴보는 것은 다산제다와 다산차, 그리고 그것이 지향한 조선시대 차문화의 핵심적 방향을 이해하는 데 도움이 될 것이다. 특히 다산이 어떠한 마음자세로 어떠한 차를 제다하고자 했으며, 그런 차를 제다하고자 한 궁극적 목적이 무엇이었나를 탐색해 보는 것은 다산제다와 다산의 다도정신이 어떤 원리로 연계돼 어떤 성과 발휘를 지향했었는지를 알아보는 과학적인 방법이라 할 수 있다.

2

다산 제다와 다산의 다도정신의
연계성

1) 비판적 성리학자 다산과 다도정신 '신(信)=성(誠)'

다산과 차를 말할 때 대부분의 논자들이 다산의 다서, 제다법, 다산이 만든 차, 그리고 다산 제자들이 결성한 '다신계'의 운영 등에 관해 자료 취합한 내용을 나열하는 정도의 수준으로 진술한다. 이런 접근은 차를 하나의 생활용품(用品)이나 물류(物流) 개념의 물산(物産) 정도 이상으로 인식하지 않는 태도이다. 차가 다른 물산에 비해 다도라는 각별하고 차별적인 문화 양상을 수반하는 데서 가치를 발휘한다고 볼 때, 사서(四書)와 주역을 재해석할 정도로 차원 높은 정신세계를 지향했던 다산의 차나 차생활을 논하면서 그가 단순히 차를 하나의 기호음료나 물질로만 대했을 것이라고 생각할 수는 없는 일이다.

그러나 지금까지 다산과 차를 논하는 논문이나 심포지엄에서 다산의 차정신이나 다도정신을 깊이 있게 살핀 흔적은 발견하기 어렵다. 이는 한국 차계와 차학계에 다도에 관한 정의가 불명하거나 형식 위주의 '다례'가 성행하면서 다도를 다도 본연의 수양론적 내용으로 인식하는 학풍이 조성돼 있지 않기 때문이다. 또 다른 이유는 한국 차계는 물론 차학계 전반에 차학을 본격적으로 전공한 사람이 드물고, 더구나 차와 다도의 모태인 동양사상을 전제로 차 연구를 하는 학문적 기반이 마련돼 있지 않다는 것이다. 오늘날 각 대학(대학원) 차학과 수강과목이나 교수진 구성을 보면 이공계 과목과 전공 교수가 많고, 인문학 계통은 고전 다서의 한문 해석 위주 과목으로 짜여 있다.

재론하자면, 다산의 다도정신을 경시하는 연유는 한국 차계와 차학계에 다도의 정의가 불명하고 '다례'가 다도로 오인되어 횡행하는 행태에 맞닿아 있다. 그런 현상의 원인은 초의가 『동다송』제60행 주석에서 규정한 '다도'의 정의에도 있다. 초의는 여기에시 '채다(採茶) − 조다(造茶) − 수득(水得) − 포다(泡茶)'의 과정상의 찻일을 '다도'로 규정하였다. 이에 근거하여 동아시아 차문화연구소 박동춘 소장을 비롯한 초의차 신봉자들은 다도를 "차를 만들고 내는 과정상의 일"이라고 주장하고 있다.

이와 함께 1970년대 후반 한국차인연합회 결성과 더불어 이 모임 가입단체별로 자기 존재 부각을 위한 형식 위주의 '다례' 양태를 들고 나와 확산시키면서 다도와 다례를 행다(行茶)의 형식적인 일로 여기는 '다례=다도'라는 낮은 인식이 형성

되었다.

그러면 초의는 왜 그렇게 제한적으로 다도를 규정하였을까? 그 까닭은 이렇다. 초의가 애초에 차에 대한 깊은 인식이 있었다는 근거를 찾을 수 없다. 자신의 차론이 없으므로 "다도를 모르는"[1] 총림의 승려들에게 '다도'를 가르칠 목적으로 명나라 장원이 쓴 『다록』의 주요 내용을 베껴 『다신전』을 꾸몄을 것이다. 『다신전』에서 말하는 다도는 '제다(製茶) − 장다(藏茶) − 포다(泡茶)'에 관한 것이다.

초의는 7년 후 홍현주가 똑같이 '다도'에 대해 묻자 그에 대한 답변으로 『동다송』을 쓰면서 『다신전』 내용을 그대로 말하지 않고 비로소 차에 대한 자신의 창의적 식견을 넣어 진일보한 다도관을 피력하였다. 『다신전』의 다노에서 장다(藏茶)를 빼고 채다(採茶)에 대한 언급을 더하여 찻물과 차의 양의 적정함(中)을 강조한 것이다.

수양다도의 최종 단계에 해당하는 음다의 경지는 『다신전』에서와 마찬가지로 '음다지법'으로 분리해 소개하는 데 그쳤다. 즉 초의는 심신 수양이라는 다도의 목적은 '다도' 외적인 것으로 따로 떼어 내고, 차를 만들고 우려내는 과정만을 다도라고 한

---

1   초의는 『다신전』 발문에서 "총림에 조주풍(차 마시는 풍조)은 있으나 다도를 모른다."고 했다.

것이다. 이 결과가 '초의차'를 한국 전통차라고 강변하는 초의
차 신봉자들에 의해 한국 전통 다도인 것처럼 왜곡 선전되면서
형식 위주인 '다례'가 한국 다도 행세를 하기에 이른 것이다.

　'다도'라는 말은 당나라 때 차문화가 융성해진 근거가 되는 것
으로서 봉연과 교연이 수양론의 의미로써 다도(茶道)와 그에 따
른 득도(得道)의 개념을 개진한 바 있다. 그러나 송대(宋代) 연고
차 제다와 명대 산차(散茶) 제다로 이어지는 차문화사에서 볼 수
있듯이, 차를 귀족들의 완상품으로 취급하거나 제다 편의주의
가 득세하면서 다도의 수양론적 의미는 사라지고『다록』에서처
럼 차를 만들고 우리는 과정상의 방법이 '다도'로 불리게 되면서
그것이 그대로 한국 차문화사의 차 인식의 내용으로 이어지게
되었다.

　그런데 초의가『동다송』에서 다도를 규정하기 훨씬 이전인 조
선 전기에 한재 이목이『다부』2에서 '오심지차'라는 개념으로 수
양다도를 설파한 바 있었다. 이때 중국에서는 앞에 든 명나라
장원의『다록』에 나오는 '다도'3의 내용이 말해 주듯이 다도에서
심신 수양의 의미는 사라졌다. 즉, 차와 다도의 발상지인 중국

2　　정영선은『다도철학』(2010년 너럭바위 출판)에서『다부』를 세계 최초의 다도 전
　　　　문서라고 평가하였다.

3　　『다록』에서는 '다도'라 하지 않고 '다위(茶衛)'라 하였다. 이미 수양론적 의미의
　　　　다도 개념이 사라졌음을 말해 준다.

에서는 수양론적 의미의 다도가 일찍이 발아되었다가 명대에 이르러 퇴색된 데 비해, 한국에서는 같은 시기에 진정한 수양론적 의미를 표방한 본연의 다도 전문서가 등장하였다. 그러나 나중에 초의의 『다신전』과 『동다송』이 변질된 중국 다도 개념을 유포시켜 한국 다도가 '다례'가 되면서 한재의 수양론적 다도 개념은 묻히게 되었지만….

이처럼 다도 개념의 발아에서부터 한국 '다례'가 등장하기까지의 차문화사적 경위를 살펴본 것은 다산의 차생활이 다도와 어떤 관계였는지를 알아보기 위해서다. 다산은 근본적으로 유가이면서 유가사상의 공허한 측면을 비판한 실학자(실학 3기에 해당하는)였다. 유가를 비롯한 동양학의 이상은 道의 추구를 통해 공자와 같은 성인(聖人)의 경지에 이르는 것이다. 유가에서는 도를 천도와 인도로 구분하고 人道는 天道(自然)를 따르는 것이라 하였다. 이때 도는 곧 인위적 조작이 가해지기 이전의 본래의 상태, 본래의 기능을 말한다. 그렇다면 다도는 차로써 자연을 지향하는, 또는 차의 자연성을 따르는 인성의 기름(수양)일 것이다.

다산의 다도정신을 체감할 수 있는 지점은 그가 제자들로 하여금 결성하도록 한 '다신계(茶信契)'의 이름이다. 茶信은 곧 차가 지닌 信義의 의미를 강조하는 것이라 할 수 있다. 한자 풀이를 볼 때 인간의 말의 중요함을 상징하는 信은 인간의 말(한 것)

을 완성한다(지킨다)는 의미의 誠과 같은 어의를 지닌다. 誠은 『中庸』에서 강조되는 천도의 모습이자 『중용』을 텍스트의 하나로 삼은 성리학의 최고 이념이다. 그리고 『중용』에서 말하는 중화(中和)가 곧 誠이다.[4] 따라서 誠, 곧 信은 성리학자였던 다산의 신조이기도 했을 것이다.[5]

誠과 信을 굳이 구별하자면 誠은 자연의 이치이자 인간의 본성의 내용이고, 信은 성을 인간관계에 적용한 윤리의식 개념이라고 할 수 있다. 자연의 성실한 모습처럼 인간관계도 그러해야 한다는 의미가 信에 들어 있다고 할 수 있다. 이는 「다신계절목」 서두에 있는 발문의 메시지이기도 하다.

다산의 다도정신을 동양사상의 본체론인 기론과 결부시켜 생각해 볼 필요도 있다. 다산(1762~1836)과 생존 시기가 일정 기간 겹치는 기철학자 최한기(1803~1877)는 '신기통(神氣通)'이라는 말로 우주 만물의 본체인 기의 작용을 설명했다. 이때의 神 개념을 차(茶)에 덧붙인 茶神이라는 말은 차가 지닌 우주의 활성 에너지를 말하는 것이고, 다도는 차의 자연성을 추구하는 것이라 할 때, 다도는 곧 차로써 차가 지닌 우주자연의 이치와 생명력을 좇고자 하는 것이라 할 수 있다. 이런 맥락에서 다산이 창

---

4 『東洋哲學의 本體論과 人性論』, 韓國東洋哲學會 編, 1996년, 연세대학교 출판부, 278쪽.

5 다산은 『中庸』 해설서 『中庸自箴』을 저술했다.

안한 구증구포 단차 제다 및 삼증삼쇄 연고녹차 제다의 원리 및 목적과 다산이 차로써 추구한 信이라는 다도정신은 상통한다고 하겠다.

2) 신묘(神妙), 한국 차 제다와 다도의 핵심 원리

초의는 1830년 『만보전서(萬寶全書)』에 「다경채요(茶經採要)」라는 이름으로 실린 명대(明代) 장원(張原)의 『다록(茶錄)』 내용을 초록(抄錄)하여 엮으면서 책 이름을 『다록(茶錄)』이 주는 의미 맥락과는 전혀 다르게 『다신전(茶神傳)』이라고 하였다. 『다신전』 '포법(泡法)' 항에서는 "(차탕을 마포에) 거르기가 빠르면 다신이 아직 발하지 않고, 마시기를 지체하면 차의 오묘한 향이 먼저 사라지게 된다(早則茶神未發 遲則妙馥先消)."고 하였다.

또 '음다(飮茶)' 항에서는 "독철왈신(獨啜曰神, 혼자 마시기를 神이라 한다)"이라고 하였다. 그리고 '향(香)' 항에서는 "곡우 전 神(차의 신성한 기운)이 고루 갖추어진 것을 진향이라 한다(雨前神具曰眞香)."고 하였다. 또 『동다송(東茶頌)』 제56행 주석에서는 "차서에 이르기를 '차를 따는 시기가 중요하다. … 너무 늦으면 신(神)이 사라진다'(茶書云 '採茶之候貴及時 … 遲則神散)."고 했다.

이처럼 초의는 장원이 『다록』에서 말하는 "다신이 아직 발하

지 않고"라는 문구에서 찻잎에 들어 있는 '기(氣)'의 최상위 개념
인 '신(神)'의 정체성을 '다신(茶神)'으로 파악하고『다록』을 모사
(摹寫)한 책 이름을『다신전』이라 하였다. 초의는『다록』에서 차
향의 으뜸(眞香)을 우전 찻잎이 갖춘 우주의 청신한 기운(茶神)
과 동일시하고 그 기운을 '신(神)'이라 한 것, 특히 '포법' 항에서
'다신'과 '묘복(妙馥, 신묘한 향기)'을 동일시하고 '음다' 항에서 홀
로 차를 마시는 경지를 '신(神)'이라 한 내용들을『다신전』을 거
쳐『동다송』에도 소개했다.

초의가 '다신'의 의미를 이해하고 중시했음은『동다송』제60행
주석에 나온 '다도' 규정에서도 입증된다. 여기에서 초의는 자
신의 견해를 "평왈(評曰, 내가 앞에 나온 내용들을 분석 종합 평가하여
말하자면)"이라는 말로 시작하여,

"찻잎을 딸 때 찻잎이 지닌 신령한 기운의 작동(神妙)을 잘 보전
하고, 차를 만들 때 찻잎의 정기를 잘 보전하고, 차를 우릴 때 좋
은 물을 골라, 차와 물의 양을 적절히 가늠하여 우려서 중정을 기
하면 다도는 다 된 것이다(採盡其妙 造盡其精 水得其眞 泡得其中 至此
而茶道盡矣)."

라고 했다. 이 문구의 요지는 찻잎을 따서 제다하여 그 차를
우려내는 전 과정에서 다신을 잘 아우르라는 주문이다. 초의는

그 뒤에 이어지는 제61~62행에서 "옥화차 한 잔 마시면 겨드랑이에 바람이 일어나니 몸이 가벼워 벌써 (도인이 사는) 상청경을 걷네(一傾玉花風生腋 身輕已涉上淸境)"라고 노래한 데 이어, 제67~68행에서는 "오직 흰 구름과 밝은 달을 두 손님으로 삼으니 도인의 자리는 이보다 더 뛰어나랴(惟許白雲明月爲二客 道人座上此爲勝)"고 하고 주석에 『다신전』에서 소개한 '음다지법(飮茶之法)'을 다시 옮겨 놓았다. 이 '음다지법'의 핵심은 역시 "혼자 마시는 것을 신령스럽다 한다(獨啜曰神)"이다.

종합하면, 찻잎을 딸 때부터 차를 만들고 우려내는 과정에서 차가 지닌 신묘한 우주적 기운을 잘 보전하고, 그런 차를 혼자 마시면 차의 신묘한 기운이 마시는 이의 심신에 전이돼 그 신의 작용(妙)으로 우주 자연의 기운과 공명하여 하나가 되는(神通) 경지에 이르게 된다는 것으로서 다신, 즉 자가 지닌 신령‧신묘한 기운을 강조한 것이다.

『다신전』과 『동다송』의 가치는 이처럼 동양사상 기론에서 말하는 '신(神)'과 그 작용성인 '묘(妙)'의 의미를 구체적이고 현시적 자연물인 차(茶)에서 발견하여 제다와 다도의 핵심 원리이자 궁극적 차정신으로 연역(演繹)해 놓았다는 데 있다. 이러한 '다신'과 '신묘'의 현철(賢哲)한 수양론적 해석은 한‧중‧일 삼국 중 유일하게 한국 차문화에서만 볼 수 있다.

초의가 '신(神)', '현묘(玄妙)', '다신(茶神)'의 의미와 그것들 사이의 맥락 관계를 터득한 것은 일찍이 차의 신(神)의 작용과 우리 심신의 기(氣)의 관계를 암시한『다부(茶賦)』의 영향이었을 수 있다. 초의(1786~1866)보다 350여 년 앞서 살았던 한재(寒齋) 이목(李穆, 1471~1498)은『다부』에서 차를 마셨을 때의 '득도' 상태에 대해 다음과 같이 노래하였다.

神動氣而入妙   다신이 기를 움직여 묘경에 들게 하니
樂不圖而自至   즐거움은 꾀하지 않아도 저절로 이를 것이네
是亦吾心之茶   이 또한 '내 마음의 차'이니
又何必求乎彼也   (기쁨을) 어찌 반드시 다른 것[6]에서만 구하랴

이는 "차를 마시면 차의 신령한 기운(茶神)이 내 몸의 기(氣)를 신(神)으로 삭동시켜(고도화하여) (우주의 기운인 신과 통하는, 神이 작동하는 경지인) 묘경에 들게 하여, 더불어 득도의 즐거움이 저절로 따라오니, 이것이 물질적인 차가 정신적인 '내 마음의 차'로 승화된 것이니, 이만한 기쁨을 다른 무엇에서 구하랴"라는 것이다.

한재도 이 문구에서 차를 마셨을 때 차가 전이시켜 주는 우주

6　　차를 '기호음료'로서 마시는 '물질적인 차'를 말함.

적 생명력이자 신령한 기운인 다신(茶神)의 중요성을 말하면서, 신(神)이 작동하여 차를 마신 이가 이르게 되는 경지를 '묘경(妙境)'이라 함으로써 '묘(妙)'가 '신(神)이 작동하는 상태'임을 말해주고 있다.

동양사상에서 '신(神)'은 기론(氣論)의 용어이다. 기론은 동양사상의 자연과학에 해당하는 것이다. 기론 또는 기철학은 우주 만물 · 현상의 정신적 · 물질적 질료이자 존재론적 기원을 '기(氣)'로 보는 견해이다. 이때의 '기(氣)'는 세분되기 이전의 기에 대한 통칭으로서 정신적인 것과 물질적인 모든 것을 이루는 질료를 일컫는다. 기는 다시 더 세분되어 '정(精) → 기(氣) → 신(神)'의 단계로 나뉜다.

정(精)은 가장 기초적인 물질적 질료이고, 성이 좀 너 고도화된 것이 물질과 정신의 중간 단계인 '기(氣)'이다. 신(神)은 정기(精氣)가 가장 고도화된 일종의 '파동에너지'로서 우주 만물이 전일적으로 통합하게 하는 힘(神通力)을 발휘한다. 조선 말기 실학자이자 기학(氣學)적 과학사상가인 혜강(惠岡) 최한기(崔漢綺, 1803~1877)는 '신기통(神氣通)'이라는 용어를 사용하여 "신(神)은 기(氣)가 통(通)하는 것"이라고 했다. 이처럼 신이 우주 만물과 통하는 모습, 즉 신의 작동 상태가 있다면 또한 그런 상태가 있게 하는 신의 작동 원리가 있을 터이니 이를 곧 '묘(妙)'라 한다.

위에서 본 것처럼 초의가『동다송』의 '다도' 규정 첫머리에서 부터 "찻잎을 딸 때 찻잎이 지닌 신묘함을 잘 보전하라(採盡其妙)" 하고 다도의 완결을 '차탕에 그 신묘함을 발현시키는 일'로 마무리한 것이나, 초의가 '다도'의 한 과정으로 '찻잎을 딸 때 찻잎의 신묘함을 보전하고(採盡其妙)'와 '차를 만들 때 찻잎의 정기를 잘 보전하라(造盡其精)'를 넣고 '음다지법' 첫 번째로 '독철왈신(獨啜曰神)'을 소개한 것, 또한 한재가 "신동기입묘(神動氣入妙)"라고 한 것 등은 제다에 있어서 다신(茶神)이 작동하는 상태와 그 원리인 '신묘(神妙)'의 보전의 중요함 및 다도수양(음다)에 있어서 '신묘'를 통한 자연합일의 원리를 말해 주는 것이라고 볼수 있다. 즉, 한국 차 제다와 다도의 원리 및 목표는 '신묘' 및 그것의 보전(제다)과 발현을 통한 자연합일(다도)이라고 할 수 있다.

여기에서 '다신'의 정체와 '신묘'의 원리를 상술(詳述)하여 정리하자면, 다신은 차에 들어 있는 기(氣)가 최고로 활성화된 상태를 일컫는 말이다. 차의 기는 향과 색, 그리고 그것들의 융합적 양태인 맛(氣味)이라고 할 수 있다. 이 중에서 차의 향은 가장 뚜렷이 기화(氣化)되어 다자간 공유의 소통 매개체 역할을 하고 다도수양에서 정신적 차원으로 승화되어 '신묘'의 기능을 한다. 초의는 이 차향 또는 차향을 발현시키는 차향의 성분요인을 '다신'이라고 본 것이다. '신묘'를 '기가 활성화되어 우주만물과 통하는 작동 양태 또는 그 원리'라고 볼 때 그런 역할을 하는 차의 향이 다신이다.

즉, 한재가 볼 때 차는 가시적이고 물질적인 형태(精·氣)의 차로 우리 몸에 음다되어 우리의 마음의 감수활동에 의해서 정신적 단계인 신(다신)으로 활성화(고도화)되어 '(내) 마음의 차(吾心之茶)'가 된 것이다. 이러한 다신의 '신묘' 기능이란 『주역(周易)』의 설시(撰蓍) 원리7와도 같은 것으로서 우주 생명에너지(생명, 생명력)의 역동적 동시성의 편재(遍在)8의 발현이라고 할 수 있다.

미학자 김영주는 신기(神氣)가 신묘에 의해 시각적 현상으로, 청각적 소리로서 밖으로 드러나는 현상을 신명(神明)이라고 정의하면서 다음과 같이 말했다.

"신명이란 다른 표현을 빌리자면 혼의 움직임, 생명의 움직임으로 이해할 수 있겠고, 특히 생명의 움직임, 혼의 움직임 가운데 우러나는 흥·멋·맛 같은 감성 감동을 동반하는 개념이 될 수

---

7   주역점은 점자(占者)의 기(氣)가 순수하고 간절한 마음상태에서 신(神)으로 고도화되어 우주의 통력(通力)이 있는 기인 신(神)과 공명되어, 전 우주적 기 운행권에 있는 현재 점자의 상황을 설시를 통해 괘상으로 나타나게 하는 현상이라고 할 수 있다.

8   스위스 정신분석학자 칼 융(Carl Gustav Jung, 1875~1961)의 이론으로, 서로 인과 관계가 없는 마음의 상태와 어떤 물적(物的) 현상 사이의 의미 있는 우연의 일치나 대응(對應), 동시성(同時性)이란 '내적으로 인식된 사상이 외적 현실에서 그것의 대응을 발견했을 때'라는 의미이다.

있을 것이다."**9**

　김영주는 또 솔거가 황룡사 벽에 그린 노송(老松)에 까마귀와 솔개가 날아와 앉으려 하는 현상에 대해 "신명의 그림, 신동, 신기의 그림이어서 까마귀, 솔개, 노송 감상자, 솔거에게 동시에 신기(神氣)가 통한 것"이라고 말하며 "동양에서 예술은 그 목적이 (신묘를 다루는) 도(道)에 있다. 그래서 동양에서는 예술이라고 부르기보다는 예도(藝道)라고 부른다."고 주장했다.

　이런 맥락에서 볼 때 바람직한 한국 차 제다와 다도(수양다도)의 방향은 '심신건강수양음료'로서 차의 '신묘한' 다신을 잘 발휘하는 성분을 지닌 녹차를, 어떻게 그 성분이 잘 보전되도록 만들며, 그렇게 제다된 차를 여하히 중정(中正)의 방법으로 차탕을 우려내, 음다명상을 통해 그 '신묘'를 마음작용으로서 얼마만큼 잘 이해하고(解悟) 터득하는(證悟) 방향으로 다도를 수행하느냐의 문제로 귀결된다.

　따라서 '신묘(神妙)'는 한국 차 제다와 다도의 핵심 원리이자 그런 한국 차와 한국수양다도만이 지닌 매력이라고 할 수 있다. 신은 기가 최고로 고도화되어 영(靈)적 단계에 있는 기의 개념이고, 묘는 그러한 신의 활동성(神이 通하는 작용)을 말하니 '신

9　김영주, 『신기론으로 본 한국미술사』, 도서출판 나남, 1992, 25쪽.

묘'는 만물을 전일적 하나가 되도록 융합해 주는 동력이기 때문이다. 초의는 자신의 편저(編著) 이름을 '다신(茶神)전'이라 하고 『동다송』 '다도' 규정에서 '다신'의 보전을 강조하였다. 이는 초의 역시 '다신', 즉 활동성(妙)을 내함(內含)한 차의 신(茶神)을 한국 차 제다와 다도의 핵심 원리로 보았음을 의미한다.

무릇 제다와 다도에 있어서는 이러한 신묘의 원리 및 제다와 다도가 이 신묘의 원리로 관통돼 있음을 이해하고(解悟) 임하는 게 마땅하다. 신묘의 원리를 해오(解悟)하고 제다에 임하게 되면 초의가 말한 '다신(茶神)'의 의미를 알고 그것을 살려 내는 제다를 하게 된다. 또 그러한 제다 과정을 통해 신묘의 원리를 심신으로 체득(證悟)하려는 노력을 하게 되면 그 자체, 즉 그러한 제다의 과정이 수도(修道)가 될 수 있다.

그런 맥락에서 초의는 『동나송』 제60행 주석(評口)의 '다도' 규정에서,

"찻잎을 딸 때 찻잎에 든 우주 정기(생명력)인 신(神)의 활활발발한 역동성을 잘 보전하고, 차를 만들 때 그 정기를 잘 갈무리해야 한다(採盡其妙 造盡其精)."

라는 말을 했다고 본다. 그리고 차를 마시고 명상에 드는 다도명상 또는 다도 수양은 그야말로 신묘의 원리를 직접 증오(證

(俉)하는 과정이라고 할 수 있다. 차를 마심으로써 그 차가 신고 심신에 전이시켜 주는 다신이 우리 심신을 채우고 그 신묘의 신통력으로 우주 자연의 신기(神氣)와 공명케 하는 자연합일의 경지에 이르도록 하기 때문이다. 초의가 명대(明代) 장원(張原)이 지은『다록(茶錄)』의 '음다지법(飮茶之法)'을『다신전』과『동다송』에 소개하면서 "홀로 마시는 것을 신(神)이라 한다(獨啜曰神)."고 한 것과 한재 이목이『다부(茶賦)』에서 말한 "내 마음의 차(吾心之茶)"가 바로 그런 경지를 일컫는다.

3

결론

위에서 살펴본 바와 같이 다산의 다도정신(차정신)은 신(信) 또는 성(誠)이고, 이는 유가(성리학)의 최고이념으로서 기(氣)가 운동변화하고 취산(聚散)하여 우주 자연을 이루는 중용 조화의 아름다운 자연의 존재·운영의 원리라고 할 수 있다. 또 한국 전통제다와 수양다도의 핵심 원리가 신묘(神妙)임도 파악하였다. 여기에서 다산 제다와 다산 다도가 신묘라는 원리로써 연계돼 있다고 할 때 신묘와 다산의 다도정신 信(誠)은 그 개념적 관계가 어떠한지를 구명할 필요가 생긴다.

앞에서도 말했듯, 신묘는 기론적 시각에서 볼 때 최고도의 기인 神이 작동하는 상태 또는 신의 작동 원리를 말한다. 또 誠은 『중용(中庸)』에 기재된 성리학의 최고이념으로서 우주 자연의 지극히 착실한 작동 상태(모습)와 작동 원리를 말한다. 여기에서 동양사상(儒·佛·道家사상)은 우주 자연의 존재적 질료와 양태에 관한 존재론으로서 기론을 채택하고 있음을 감안할 필요가 있다.

우주 자연의 작동 원리인 神은 기론의 개념이다. 같은 맥락에서 성리학에서 보는 우주 자연의 작동 상태(모습)와 작동 원리인 誠은 곧 '신묘'의 다른 이름이라고 할 수 있다. 그리고 信은 사람(人)의 말(言)의 중요함을 나타내고 성(誠)은 사람의 말(言)한 바 내용을 완성함(成)이니 信은 곧 誠이라고 할 수 있다. 여기에서 다산의 다도정신은 곧 誠이고 이는 또한 신묘를 기제(機制)로 하여 다산 제 다와 다산 다도의 핵심 원리가 되는 것이다.

우리는 다산이 구증구포 단차 제다와 삼증삼쇄 고급 연고녹차 제다를 통해 실현하고자 했던 정신적 이념과 생활실천 원리가 곧 誠이고, 성은 신묘로서 다산 제다와 다산차가 추구하는 이념으로서, 다산이 구증구포와 삼증삼쇄의 독창적 제다로써 최상의 녹차 제다에 쏟아부은 정성이 곧 다산차에 담겨 다산 다도의 생활 실천으로 구현되었을 당위성을 깨닫게 된다.

IV

다산제다 및 다산차 전승 과정의
오해와 왜곡

1

서론

차문화에 대한 본질적 논의의 의미는 차를 왜 마시며, 어떤 차가 좋은 차인가라는 질문에 대한 답에 있다고 할 수 있다. 즉, 차를 마시는 행위의 문화적 속성 및 차를 마시는 목적을 충족시켜 주는 주체인 차의 정체성이 차문화의 본질이라는 것이다. 차를 단순히 '기호식품'이라고 보는 데서는 '차문화'라는 수준 높은 용어가 성립될 수 없다.

따라서 한국 전통 차문화를 생각할 때, 선조 차인들이 차를 마신 목적과 차의 본질인 정체성을 어떻게 인식하고 있었느냐를 파악하여 계승할 가치를 찾는 일이 무엇보다 중요하다고 할 수 있다. 이런 맥락에서 결론부터 말하자면, 다산 정약용이 강진 다산에서 실행한 제다는 당시까지의 한국 전통 제다를 집대성하고 거기에 독창적인 제다법으로 발전적 계승을 더하여 한국 전통차문화의 금자탑을 이룬 '완성체'라고 할 수 있다.

그러나 오늘날 '초의차' 옹호론자들의 다산 제다에 대한 의도적 무시와 강진 전통차 계승 작업을 하는 이들의 다산 제다에 대한 면밀한 분석 및 이해의 부족으로 다산 제다의 내용과 가치가 적절한 평가를 받지 못하고 있다. 현재 한국 차문화가 중국과 일본에 비해 뒤처진 것으로 비춰지고 있는 까닭도 중·일의 제다사에 없는 독창적이고 뛰어난 다산 제다를 제대로 계승하지 못하고 매장시키고 있는 탓이라고 생각한다.

　오늘날 차계 한편에서 한국 차문화의 중흥조를 초의라고 치켜세우고 있다. 그런 주장은 근거 없는 견강부회이자 아전인수여서 그 의도가 '초의차' 강조로 얻는 명리적 목적과 무관하다고 할 수 없다. 초의의 차 행적에 비해 초의의 스승격인 다산의 강진 제다는 오늘에 계승되어야 할 한국 전통 차문화의 완성태이지, '초의차' 옹호론자들이 말하는 '중흥' 정도에 그치는 것이 아니다.

　왜냐하면 다산의 제다가 있기까지『부풍향차보』의 생배법 및『동다기(기다)』의 증배법 등 신라시대나 고려시대와 다른 근·현대적 제다가 창의적으로 면면히 그리고 활발히 이어지고 있었기에 '단절된 것'을 '중흥'시킬 이유가 없었기 때문이다. 여기에서 다산 제다의 내용과 가치를 면밀히 살펴볼 필요가 있다.

2

본론

1) 강진 다산차의 정체성 규명

가. 강진에서의 다산의 차 인식

다산 정약용과 다산초당 및 강진은 한국 전통 제다와 전통차
를 핵심 내용으로 하는 한국 전통 차문화사에서 '전통차의 성지'
라고 할 만한 의미와 가치를 지니고 있다.

강진 유배 18년의 세월(1801~1819년) 중 다산은 1809년부터
해배 시까지 11년 동안 다산초당에 기거하며 주로 구증구포 단
차를 만들었고, 해배 이후(1818년 이후)에는 제자들로 하여금 다
신계(茶信契)를 결성하도록 하여 우전 잎차와 입하 전 단차(團茶)
를 만들도록 했으며, 다신계가 해이될 무렵인 1830년에는 강진
제자 이시헌에게 편지를 보내 삼증삼쇄 차떡(餅茶가 아닌 茶餅)
제다를 지시하였다.

즉, 다산은 당시까지 전통 제다법으로 전해 오던 초배 및 증배 제다를 융복합 집대성하고 거기에 자신의 창의성을 더해 구증구포 단차와 삼증삼쇄 차떡 제다로 한국 전통제다를 완결하였다고 할 수 있다.

여기에서 강진 다산차의 정체성을 규명하기 위해서는 우선 다산의 차 인식과 다산이 강진에서 만든 차의 제다법 및 차의 형태를 분석해 볼 필요가 있다. 강진에서 보인 다산의 차 인식은 다산이 혜장에게 보낸 걸명시와 걸명소에 잘 나타나 있다. 아래는 다산이 혜장에게 보낸 걸명소와 다산의 시 「혜장에게 차를 청하며 부치다(寄贈惠藏上人乞茗)」이다.

다산이 혜장에게 보낸 걸명소 「貽兒菴禪子乞茗疏」[1]

旅人近作茶饕　나그네는 요즈음 차(茶) 욕심쟁이라네
兼充藥餌　겸하여 약으로 흡족하기 때문이지
書中妙解　글 중에 오묘한 깨달음은
全通陸羽之三篇　육우의 다경 3편을 온전히 통달했지
病裏雄呑　배 속의 큰 병 움켜잡고

1　걸명소(乞茗疏): 차를 얻고자 적음.

遂竭盧仝之七椀 끝내는 노동 칠완을 다 들이켰네

雖浸精瘠氣 비록 정기 가라앉고 기운이 없어진다는

不忘綦母㬢之言 기모경의 말을 잊지 않았으나

而消壅破癥 옹울을 해소하고 체증으로 뭉친 것 지우자니

終有李贊皇之癖 끝내 이찬황의 버릇 생겼다오

洎乎朝華始起 아침 해 막 떠오르니

浮雲 晶晶乎晴天 뜬구름은 맑은 하늘에 환히 빛나구나

午睡初醒 낮잠에서 막 깨어나니

明月離離乎碧磵 밝은 달은 푸른 냇가에 흩어진다

細珠飛雪 잔구슬 같은 찻가루는 눈발처럼 날리니

山爐飄紫箏之香 산로에 자순차 향 나부끼누나

活火新泉 불 피워 새 샘물 끓여

野席薦白菟之味 야외에 사리 깔고 백토의 맛을 올린다

花瓷紅玉 꽃 자기 홍옥의

繁華雖遜於潞公 호사스런 노국공에 못 미치나

石鼎靑煙 돌솥 푸른 연기는

澹素庶近於韓子 담백 소박하여 한자에 조금은 가까우리

蟹眼魚眼 게 눈, 물고기 눈

昔人之玩好徒深 옛 사람들 즐겨 깊이 완미했다지

龍團鳳團 용단 봉단은

內府之珍頒已罄 궁궐에서 진품 나눠 줌은 이미 다했다

兹有采薪之疾　이 사람 섶나무조차 못할 질고로 인하여

聊伸乞茗之情　애오라지 茶 비는 정분을 말함이라

竊聞　어지간히 들으니

苦海津梁　고해 건너 저 언덕 가는 다리는

最重檀那之施　가장 중한 재물 자비심으로 베풂이라오

名山膏液 名山의 고액보다

潛輸艸瑞之魁　서초(瑞草) 중 으뜸인 차를 몰래 나르나니

宜念渴希　마땅히 갈망 희구함이니

毋慳波惠　아끼지 마시고 은혜 베푸시길 바라오

– 乙丑冬在康津作 을축년(1805) 겨울, 아암선자에게 보냄

다산의 시 「혜장에게 차를 청하며 부치다(寄贈惠藏上人乞茗)」

傳聞石廩底　듣자 하니 석름봉 바로 아래서

由來產佳茗　예전부터 좋은 차가 난다고 하네

時當曬麥天　지금은 보리 말릴 계절이라

旗展亦槍挺　기(旗)도 피고 창(槍) 또한 돋았겠네

窮居習長齋　궁한 살림 장재(長齋)함이 습관 되어

羶臊志已冷　누리고 비린 것은 비위가 상해

花猪與粥雞　돼지고기 닭죽 같은 좋은 음식은

豪侈邀難竝　호사로워 함께 먹기 정말 어렵지

祇因疢癖苦　더부룩한 체증이 아주 괴로워

時中酒未醒　이따금씩 술 취하면 못 깨어나네

庶藉己公林　스님의 숲속 차 도움을 받아

少充陸羽鼎　육우(陸羽)의 차 솥을 좀 채웠으면

檀施苟去疾　보시하여 진실로 병만 나으면

奚殊津筏拯　뗏목으로 건져 줌과 어찌 다르리

焙曬須如法　모름지기 찌고 말림 법대로 해야

浸漬色方澄　우렸을 때 빛깔이 해맑으리라

　우선 위의 두 시에서 다산은 육우의 『다경』과 노동의 「칠완다가」를 숙지하고 있어서 제다 및 차의 종류를 파악하고 있었음을 알 수 있다. 이덕리는 『동다기(기다)』에서 노동이 마신 차가 잎녹차라고 하였다.

나. 다산의 구증구포 제다에 대한 근거 자료

구증구포에 대한 최초이자 다산의 직접적 언급은 「범석호의 병오서회(丙午書懷) 10수를 차운하여 송옹(淞翁)에게 부치다(次韻范石湖丙午書懷十首簡寄淞翁)」란 다산의 시(아래) 다섯째 수에 나온다.

小雨庭莎漲綠衣	보슬비가 뜨락 이끼 초록 옷에 넘치길래
任敎屛婢日高炊	느지막이 밥하라고 여종에게 얘기했지
懶拋書册呼兒數	게을러져 책을 덮고 자주 아일 부르고
病却巾衫引客遲	병으로 의관 벗어 손님맞이 더뎌진다
洩過茶經九蒸曝	지나침을 덜려고 차는 구증구포 거치고
厭煩雞畜一雄雌	번다함을 싫어해 닭은 한 쌍만 기른다네
田園雜話多卑瑣	시골의 잡담이야 자질구레한 것 많아
漸閣唐詩學宋詩	당시(唐詩) 점차 물려 두고 송시를 배우노라

다산의 구증구포 제다에 대한 또 다른 근거는 이유원의 『임하필기』 중 「호남사종」에 나오는 「죽전차」라는 시에도 등장한다.

강진 보림사의 죽전차는 열수 정약용이 얻었다
절의 승려들에게 구증구포의 방법으로 가르쳐 주었다

그리고 이유원의 문집인 『가오고략』에 있는 장시 「죽로차」에서도 다산의 구증구포 제다에 대한 근거를 찾아볼 수 있다.

보림사는 강진 고을에 자리 잡고 있으니 / … / 대숲 사이 차가 자라 이슬에 젖는다오 / 어쩌다 온 해박한 정열수선생께서 / 절 중에게 가르쳐서 바늘싹을 골랐다네 / … / 초의스님 가져와 선물로 드리니 / 천 가닥 가지마다 머리카락 엇 짜인 듯 / 한 줌 쥐면 움큼마다 가는 줄이 엉켰구나 / 구증구포 옛 법 따라 안배하여 법제하니 / 구리 시루 대소쿠리 번갈아서 방아 찧네 / … / 백 번 천 번 끊고 나자 해안(蟹眼)이 솟구치고 / 한 점 두 점 작설(雀舌)이 풀어져 보이누나

위 시에서는 다산이 보림사 승려들에게 구증구포법을 가르쳐 주었다는 것, 구증구포로 만든 차가 찻잎의 개체 형태를 유지한 채 긴압된 團茶(한 점 두 점 작설이 풀어져 보이누나)였다는 것, 그것을 초의 선사가 선물로 가져왔다는 것, 초의가 그 단차를 전다법(煎茶法)으로 달여 '전다박사'라는 칭호를 얻은 사실, 이로 미루어 초의 역시 다산으로부터 구증구포 단차 제다를 배웠을 것이라는 사실 등을 파악할 수 있다.

다. 다산의 삼증삼쇄 차떡 제다법에 대한 근거 자료

다산의 삼증삼쇄 차떡 제다법은 다산이 1830년 강진 제자 이시헌에 보낸 편지에 상세히 나온다.

"…이전에 만든 차는 거칠어서 마실 수가 없었네. (우전 찻잎을) 세 번 찌고 세 번 말려 곱게 갈아서 돌샘물로 이겨 떡으로 만들어야 찰져서 먹을 수 있네. (꼼꼼히 잘 알아서 만들어 보게나)"

여기서 다산이 이시헌에게 특별히 삼증삼쇄 차떡제다를 지시한 내력을 살펴볼 필요가 있다. 이시헌은 다신계 막내 회원으로서 맨 마지막까지 다산에게 차를 만들어 보냈다고 한다. 두 사람의 이런 신뢰관계 외에도 이시헌이 이덕리의 『기다』(『동다기』)를 필사해 지니고 있었다는 사실[2]에 유의해야 한다. 『기다』에는 진도 일대 사찰에서 행한 증배법이 기록돼 있다. 다산은 이 기록을 필사한 이시헌이 증배제다의 장점과 이치를 알고 있다고 생각하고 자신의 창의(創意)를 더해 세밀한 증배법에 의한 최고급 연고 녹차인 삼증삼쇄 차떡 제다를 지시했다고 판단된다.

2　『기다』는 최근 이시헌의 후손인 이한영家에서 발견되었다. 이로 미루어 차학계에서는 이시헌이 필사한 기록으로 보고 있다.

2) 백운옥판차와 다산 전통제다법과의 관계

최근 강진 차인들은 강진차인연합회를 결성하여 다산의 제다와 차를 계승하는 일에 힘을 쏟고 있다. 그들은 해마다 강진차문화학술대회와 강진야생차품평회를 열어 전통제다와 전통차로서 다산 제다와 다산차의 정체성을 찾기 위한 노력을 하고 있다.

그러나 이러한 다산 제다 재현 노력 가운데 남부대학교 산학협력단에 연구용역 맡겨 발표한 「강진 야생 수제 정차(떡차) 브랜드 개발사업 연구용역보고서」(2019~2020)를 보면 '다산 정차'의 종류와 형태를 "발효 떡차"라고 했음을 알 수 있다. 이는 일관되게 고급 녹차를 제다하고자 했던 다산의 제다 방향과 맞지 않는다.

또 다산 제다의 맥을 잇고 있다는 이한영전통차문화원은 이한영이 다산의 삼증삼쇄 차떡을 만든 이시헌의 후손으로서 백운옥판차를 만들어 다산 제다의 맥을 이었고, 그것이 오늘에 계승되고 있다고 주장하고 있다. 동시에 이시헌의 생가인 백운동원림이 있는 월남마을에는 고려시대 이래 현대까지의 차문화 전통이 이어지고 있다고 주장하며, 그 근거로 월남사에서 발견된 차맷돌 등 고려시대 다구, 조선시대 이시헌의 차 행적, 근대기 이한영의 백운옥판차 제다, 오늘날 오설록의 재배다원 운영

등을 들고 있다.

그러나 이시헌이 실천한 다산의 독창적인 삼증삼쇄 차떡 제다와 오늘날 이한영전통차문화원이 재현한 덖음(炒焙)제다법3에 의한 백운옥판차 제다의 전통적 연결성의 근거를 찾아볼 수 없다. 같은 논리로, 월남사에서 이시헌家를 통해 고려시대 차문화가 현대로 이어지고 있다는 주장과 이시헌家의 다산차 계승의 문제는 충돌한다. 다산의 구증구포 단차 제다 및 삼증삼쇄 차떡 제다는 고려시대 제다나 고려시대 차문화와는 전승 맥락상 무관한 다산의 독창적 발명의 산물이기 때문이다.

이한영전통차문화원 이현정 원장은 박사학위 논문 「한국 전통 제다의 융복합적 연구」에서 삼증삼쇄는 구증구포의 번거로움을 줄이기 위한 것이라고 했다. 그는 증포를 거듭할수록 카테킨 함량이 줄어들고 테아닌 함량은 증가하는데, 4회 이후에는 의미 있는 변화가 없어서 삼증삼쇄로 줄인 것이라고 했다.

그러나 내가 실제로 구증구포(九蒸九曝)와 삼증삼쇄(三蒸三曬) 제다를 해 본 결과, 그 둘은 전혀 다른 차의 제다법이다. 구증구포는 비교적 큰 잎으로 단차를 만든 제다법이고, 삼증삼쇄는 우전 찻잎으로 연고 녹차의 일종인 차떡을 만든 제다법이다.

---

3 이는 오늘날 '초의차' 추종자들에 의해 "한국 차문화의 중흥조" 초의가 창안한 '초의제다법'으로서 한국 전통제다법으로 통용되고 있다.

여기서 포(曝)는 크고 억센 찻잎을 강한 햇볕이나 불기운에 말린 것이고, 쇄(曬)는 어린 찻잎을 그늘에 말린 것이다. 또 다산이 구증구포로 떡차를 만들었다고 추정하거나 삼증삼쇄 차병을 병차와 혼동하는 경향이 있는데, 曝와 曬는 떡차 제다와 무관한 용어이고, 다산은 이시헌에 보낸 편지에서 삼증삼쇄 차떡 제다를 지시하면서 시종 '차떡'이라는 말을 쓰고 있다.

　여기에서 다산이 왜 구증구포와 삼증삼쇄를 구분했는지를 생각해 볼 필요가 있다. 다산은 구증구포한 이유를 "지나침을 덜기 위해서"라고 했다. 당시엔 연료와 증제 도구 및 증제 시간 측정 시계 등 제다 도구가 지금처럼 발달하지 못했다. 따라서 시루에 넣는 찻잎의 양과 그에 따라 찻잎을 찌는 시간 조절이 그만큼 까다로워 찻잎이 너무 물러지지 않게(싱싱함을 유지하게) 하면서도 찌는 도중 산화를 방지하게 위해 잠깐씩 여러 번 증기를 쏘이는 방법을 채택한 것으로 생각된다.

　즉, 효과적으로 살청하면서 찻잎의 센 기운을 증기로 여러 번 우려내는 효과를 기대했을 것이다. 이는 송대 연고차 제다에서 진액을 짜낸 것보다는 차의 본성을 보존하는 정도에서 센 기운만 약간 조절함으로써 연고 녹차로서 차의 본성을 거부감 없이 효율적으로 활용할 수 있는 방법이라고 할 수 있다.

　또 현대 과학으로 밝혀진 사실로서, 다산의 증제제다의 장점은 '초의차' 옹호론자들이 내세우는 명대(明代)의 덖음제다(炒焙法)에 비해 차의 본성(茶性)의 핵심인 녹향(청엽알코올)을 적절히 보존시키는 제다법이라는 것이다. 녹향은 비등점이 섭씨 157도여서 300도 안팎으로 덖는 초배법에서는 제다공정에서 대부분 유실되지만 살청 온도가 100도를 유지하는 증제제다에서는 온존된다.

3

결론

위와 같은 맥락에서 다산의 구증구포 단차 제다 및 삼증삼쇄 최고 연고 녹차(차떡) 제다는 중국이나 오늘날 일본의 녹차 제다에서도 찾아볼 없는 과학적 독창성을 지니고 있다고 할 수 있다. 여기에서 "조선시대 차문화 중흥"을 거론하는 이들의 주장에 문제를 제기하고자 한다.

(사)동아시아차문화연구소 박동춘 소상은 "조신시대에 한국 전통 차문화가 민멸된 것을 초의가 중흥시켰다."고 일관되게 주장하고 있다. 그러나 조선시대에 『부풍향차보』와 『동다기(기다)』 등 제다 관련 다서(茶書)가 가장 활발하게 저술되었고, 위에서 본 것처럼 초의와 동시대에 다산이 다양한 전통 제다법을 집대성하고 창의성을 더하여 오늘날에도 손색없는 증배제다법을 창안하여 전통 제다의 맥을 두텁고 풍요롭게 하였다.

즉, 조선시대에 한국 전통 차문화가 민멸된 적이 없으므로 그것을 중흥시킬 필요도 없었다. 단지 다산이 정리해 놓은 독창적인 한국 전통 제다법 및 그에 따른 전통 차문화를 계승하는 것이 문제였다.

　박동춘 씨는 '초의차'를 만든 덖음제다법을 강조하면서 "구증구포는 제다사에 제시된 적이 없다."고 하여 다산 제다의 의미를 철저히 무시하고 있다. 박 씨를 바롯한 초의차 옹호론자들의 영향 탓인지 오늘날 대부분의 한국 제다는 초배법을 채택하고 있다. 그렇다면 오늘날 한국 녹차가 커피와 보이차에 밀려 차 행사장에서 자취마저 구경하기 어렵게 된 것은 누구 탓인가?

　오늘날 한국 전통 녹차가 사라질 위기에 처함으로써 한국 전통 차문화가 실로 민멸 위기에 놓이게 되었다. '초의차' 옹호론자들이 답해 주기 바란다. 덖음제다로써 녹향을 날려 버리고 '고소한 맛'을 내세우며 스스로 '기호식품'으로 추락한 오늘의 한국 녹차와, 증배제다로써 녹향을 살려 내 자연합일의 기제로서 수양다도의 도반이 되어 주는 다산 제다의 녹차 중 어느 것이 한국 전통 차문화를 민멸시키는 주범이고, 어느 것이 한국 전통 차문화의 맥을 살리는 정통이겠는가?

V

다산차의 종류 및
특성과 전승

다산의 구증구포 단차(團茶)

1

다산차의 종류

지금까지 앞에 진술한 글 내용을 바탕으로 다산 제다와 다산 차의 종류 및 특성을 판별해 보고, 그것이 전통차로서 후대에 어떻게 전승되려 했는지를 살펴보고자 한다. 즉, 다산 제다 관련 기록(다산의 걸명소·다산의 차시·이유원의 문집과 차시·다신계절 목·다산이 강진 제가 이시헌에 보낸 편지 등)의 바른 해석을 통하여 다산이 어떤 차정신으로 어떤 제다 방식을 통하여 어떤 특성의 차를 지향했으며, 그것이 어떤 경로로 후대에 전승되려 했었는 지를 살펴보는 것은 다산이 창시한 한국 전통 차문화의 실증적 이해를 위해 필요한 일이라고 생각된다.

다산은 강진 유배로 다산초당에 들어 차를 접하기 이전에 이미 제다와 차에 대한 지식을 쌓고 있었다. 부친의 부임지를 따라 다녔던 시기에 쓴 「등성주암(登聖住菴)」이나 「하일지정절구(夏日池亭絕句)」를 보면 그가 20세 무렵에 차생활을 한 것을 알 수 있다. 이런 배경으로 유배 전 다산은 16편의 차시(茶詩)를 남겼다.

이는 다산이 일찍이 유학자이자 실학자로서 차와 다도에 관한 지식을 학문 연마와 더불어 체득하기 시작했음을 알 수 있다.

정약용이 마흔네 살 때인 1805년 겨울 백련사의 아암 혜장선사에게 차를 보내 달라고 애걸하다시피 보낸「걸명소(乞茗疏)」는 그가 차를 약용으로만 마신 것이 아님을 알려 준다.

나는 요즘 차를 탐식하는 사람이 되었으며
겸하여 약으로 삼고 있소
차 가운데 묘한 법은
보내 주신 육우『다경』3편이 통달케 하였으니
병든 큰 누에(다산)는 마침내
노동(盧仝)의 칠완다(七碗茶)를 마시게 하였소
정기가 쇠퇴했다 하나 기모경의 말은 잊을 수 없어
막힌 것을 삭이고 헌데를 낫게 하니
이찬황(李贊皇)의 차 마시는 습관을 얻었소
아아, 윤택할진저
아침 햇살 막 비칠 때 우리는 차는
뜬구름이 맑은 하늘에 빛나는 듯하고
낮잠에서 깨어나 마시는 차는
밝은 달이 푸른 물 위에 잔잔히 부서지는 듯하오

다연에 차 갈 때면 잔구슬처럼 휘날리는 옥가루들

산골의 등잔불로서는 좋은 것 가리기 아득해도

자순차의 향내 그윽하고

불 일어 새 샘물 길어다 들에서 달이는 차의 맛은

신령께 바치는 백포의 맛과 같소

꽃청자 홍옥다완을 쓰던 노공의 호사스러움 따를 길 없고

돌솥 푸른 연기의 검소함은 한비자(韓非子)에 미치지 못하나

물 끓이는 흥취를 게 눈, 고기 눈에 비기던

옛 선비들의 취미만 부질없이 즐기는 사이

용단봉병 등 왕실에서 보내 주신 진귀한 차는 바닥이 났소

이에 나물 캐기와 땔감을 채취할 수 없게 마음이 병드니

부끄러움 무릅쓰고 차 보내 주시는 정다움 비는 바이오

듣건대 숙은 뒤, 고해의 나리 건니는 데 가장 큰 시주 는

명산의 고액이 뭉친 차 한 줌 몰래 보내 주시는 일이라 하오

목마르게 바라는 이 염원, 부디 물리치지 말고 베풀어 주소서

위 시에서 "아침 햇살 막 비칠 때 우리는 차는 / 뜬구름이 맑은 하늘에 빛나는 듯하고 / 낮잠에서 깨어나 마시는 차는 / 은은한 달빛이 푸른 물 위에 잔잔히 부서지는 듯하오"라는 구절은 행다(行茶)와 끽다(喫茶)로써 자연과 교감하고 합일하는 수양다도의 일면을 표출한 것이다. 초의는 다산의 차 관련 언급 가운

데 유일하게 이 대목을 『동다송』에 옮겨 적었다.

이후에도 초의는 '구증구포'를 언급한 다산의 차시를 보았을 것이다. 또한 초의는 다산을 따라 월출산 백운동에 들어가 〈백운동도〉를 그렸다. 백운동은 다산과 서신을 주고받으며 다산의 삼증삼쇄 차떡 제다를 한 이시헌 일가가 살던 백운동원림이 있는 곳으로, 야생차나무가 많았다. 뒤에 '백운옥판차'가 나온 곳이기도 하다. 초의가 백운동원림에 머무르며 〈백운동도〉를 그리면서 다산차와 백운동의 관계성을 몰랐을 리 없다. 이런 맥락에서도 다산의 증배 제다는 초의에게 이어졌다고 볼 수 있다.

다산은 혜장에게 쓴 걸명시에서는 불에 쬐고 말리기(焙曬)[1]를 제대로 해야 우렸을 때 탕색이 맑다고 하였다. 처음으로 '배쇄법'을 언급한 것이다. 다산의 차에 대한 이론적 지식은 1809년 그가 거처를 차나무가 넓은 다산초당으로 옮기고 제다를 실행하면서 실질적인 제다기술로 활용되었다.

다산이 만든 차는 다산차 관련 차시에서 보이는 장흥 보림사의 죽전차(竹田茶), 죽로차(竹露茶), 만불차(萬佛茶)와 「다신계절목」에서 확인되는 잎차(散茶)와 차병(茶餠)[2] 등이 있다. 죽전차,

---

1 배쇄(焙曬)를 덖음제다로 이해하는 사람도 있으나, 덖음제다는 원래 초배(炒焙)라 했으므로 焙曬는 (우전 찻잎을) 연한 불기운에 말려서 또다시 연한 햇볕(그늘)에 말린다는 의미로 보아야 한다.

2 「다신계절목」 '약조'항 '探晩茶 作餠二斤'이라는 대목은 '作餠'을 '作茶餠'의 줄임

죽로차, 만불차는 단차(團茶)3였다. 다산은 차를 약용을 포함한
심신건강 수양음료로 이용했다.

말로 보고 차병, 즉 병차가 아닌 단차로서 '차떡'을 만들었음을 짐작할 수 있다.
물론 '採晚茶 作餠二斤' 뒤에 '餠茶'라는 말이 나오지만 이때는 餠茶와 團茶를
혼용한 사례가 보인다.

3   '떡차'가 찐 잎을 바로 절구에 찧어 잎이나 가루로서 개체 형태를 잃은 것과 달
리 團茶는 삼증삼쇄 '차떡'처럼 곱게 간 가루가 개체형태를 유지한 채 외형이 떡
처럼 뭉쳐졌거나 보이차처럼 찻잎들이 개체형태를 유지한 채 덩이로 긴압된 차
형태를 말한다.

2

다산차의 특성

이런 점에 유의하여 「다신계절목」 '약조' 항에 나오는 잎차 및 차병 제다, 다산과 이유원의 차시에 나오는 구증구포 단차 제다, 다산이 강진 제자 이시헌에게 보낸 편지에 나오는 삼증삼쇄 차떡 제다의 맥락과 각 차의 특성을 연계하여 살펴볼 필요가 있다.

1) 다산 제다법의 특성

구증구포에 대한 기록은 다산이 쓴 「범석호의 병오서회(丙午書懷) 10수를 차운하여 송옹(淞翁)에게 부치다(次韻范石湖丙午書懷十首簡寄淞翁)」, 이유원이 쓴 『임하필기(林下筆記)』 「호남사종(湖南四種)」, 『가오고략(嘉梧藁略)』 「죽로차(竹露茶)」에서 확인할 수 있다.

다산은 위 시 「범석호의 병오서회(丙午書懷) 10수를 차운하여…」에서 "지나침을 줄이려고 차는 구증구포 거친다(洩過茶經九蒸曝)"고 하였다. 이는 송대 연고차 제다에서 차의 진액을 짜낸 이유와 흡사하면서 그보다 더 지혜로운 방법이다. 즉, 차의 약성 성분인 카테킨을 어느 정도 유지시키면서도 강하게 느껴지는 기운을 순화시키기 위해 카테킨의 함량을 여러 번 증기로써 걸러 내는 방법을 창안한 것이라고 할 수 있다.

이렇게 해서 만든 차는 잎 모양 형태를 유지시킨 채 긴압하여 덩이로 만든 단차였다고 할 수 있다. 이는 훗날 다산이 만든 차를 초의가 한양에 가져와 '전다박사(煎茶博士)'라는 칭호를 받은 차로서, 전다법(煎茶法)[1]으로 달일 때 "한 점 두 점 작설이 풀어져 보이누나"[2]라는 시구에서 확인할 수 있다.

다산은 곡우 무렵의 어린 잣잎을 따서 비교적 낮은 온도의 솥이나 햇볕에 말려서 잎차를 만들었다. 낮은 온도나 햇볕(또는 그늘)에서 말린 차는 찻잎 내 카테킨산화효소가 불활성화(작동정지) 되는 데 시간이 걸리기 때문에 산화가 조금 진전되어 녹차보다 부드러운 맛과 감미로운 향이 난다.

이처럼 약한 불기운이나 햇볕(그늘)에 말려서 만드는 다산의

---

1 떡차를 달여 내는 음다법. 음다법은 '煮茶법(생찻잎을 삶음) → 煎茶법(떡차나 단차를 조각이나 가루 내어 달임) → 點茶법(연고차에 물방울을 점점 떨어뜨려 격불함) → 泡茶법(잎차에 물을 부어 우림)'의 순으로 발전했다.

2 이유원의 『가오고략』 중 「죽로차」

배쇄(焙曬) 잎차 제다법은 다산이 해배 후 자신에게 찾아온 두 제자와 주고받은 내용을 적은 「기숙과 금계 두 제자에게 써서 주다(書贈旗叔琴季二君)」에서도 확인할 수 있다. 다산이 제자들에게 올라오기 전에 이른 찻잎을 따서 말려 두었냐고 물은 것으로 보아 채취한 찻잎을 별다른 공정을 거치지 않고 살짝 달군 솥이나 햇볕(그늘)에 말려 만든, 오늘날 백차와 비슷한 차가 당시 다산과 그 제자들에 의해 만들어졌다는 것을 알 수 있다. 이와 유사한 잎차 제다법(배쇄법)은 「다신계절목」 '약조' 항에서도 확인된다.

穀雨之日 採嫩茶 焙作一斤, 立夏之前 採晚茶 作餅二斤
곡우날에 어린 찻잎을 따서 불에 말려 1근을 만들고, 입하 전에 큰 찻잎을 따서 차떡 2근을 만든다.

여기 '穀雨之日 採嫩茶 焙作一斤'에서 혹자는 '焙'를 '덖는다'는 의미로 해석하기도 하는데 '말린다'가 정확한 어의이다. '採晚茶 作餅二斤'이라는 대목에서는 '作餅'을 '作茶餅'의 줄임말로 보고 '병차'가 아닌 '차병'을 만들었음을 짐작할 수 있다. 우전잎보다는 굵지만 입하 전 중간쯤 크기의 찻잎으로 증배 단차 또는 차병을 만든 것이다.

이때는 다산이 구증구포 증배법을 실행한 이후이므로 '作茶

餅'이 찻잎을 쪄서 젖은 상태에서 절구에 찧어 만든 떡차 제다와는 다른 제다법이었다고 봐야 한다. 물론 '採晚茶 作餅二斤' 뒤에 '餅茶'라는 말이 나오지만, 이때는 餅茶와 團茶를 혼용한 사례가 보인다. 또 그 뒤에 나오는 '葉茶一斤 餅茶二斤'이란 말에서 알 수 있는 것은 餅茶의 단위를 통상적으로 '片'이라 하지 않고 잎차와 똑같이 '斤'이라 하여 작은 차떡의 갯수를 의미했다는 것이다.

삼증삼쇄에 관한 기록은 1830년 다산이 이시헌에게 보낸 편지에 나온다.

"올 들어 병으로 체증이 더욱 심해져서 잔약한 몸뚱이를 지탱하는 것은 오로지 차떡에 힘입어서일세. 이제 곡우 때가 되었으니 다시금 이어서 보내 주기 바라네. 다만 지난번 부친 치떡은 가루가 거칠어서 썩 좋지가 않더군. 모름지기 세 번 찌고 세 번 말려서 아주 곱게 갈고, 또 반드시 돌샘물로 고루 반죽해서 진흙처럼 짓이겨 작은 떡으로 만든 뒤라야 찰져서 먹을 수가 있다네. 알겠는가?"

여기서 "잔약한 몸뚱이를 지탱하는 것은 오로지 차떡에 힘입어"라는 대목에서 다산이 차를 체증을 다스리는 약용으로서뿐만 아니라 허약한 몸을 지탱하는 건강 유지 음료로도 이용했음을 알 수 있다.

이상을 종합하여 결론을 맺자면, 다산의 제다법과 그에 따른 차종류 및 형태는 우전잎으로 만든 배쇄 잎차(백차), 큰 잎으로 만든 구증구포 단차(녹차), 우전잎으로 만든 삼증삼쇄 연고차(녹차)였다고 할 수 있다.

2) 최선의 차로서 다산차

여기서 다산 제다법과 다산차를 통해 좋은 제다법에 의한 좋은 차의 진면목을 가늠해 볼 수 있다. 즉, 제다법으로서는 증배법이 최상의 녹차를 만드는 제다법이라는 것이다. 그 이유는 살청의 목적이 카테킨산화효소의 작동을 정지시켜 카테킨성분을 보전하여 녹차를 제다하기 위한 것인데, 증배 살청은 섭씨 100도라는 일정한 온도의 증기에 의해 이루어지기 때문이다. 살청의 관건은 카테킨 보전과 동시에 '다신(茶神)'으로 일컬어지는 차의 기운인 녹향(綠香)을 지켜 내는 것이다. 청엽알코올 성분인 녹향은 비등점이 섭씨 157도다. 섭씨 100도에서 이뤄지는 증배법은 초배법이 300~400도의 솥 온도에서 살청하여 녹향을 날려 버리는 것과 비교된다.

초배법에서 녹향 살리기의 어려움은『다신전』과『동다송』에 기록된 '차의 4향'의 의미에서 알 수 있다. 차에는 진향(眞香), 순향(純香), 청향(淸香), 난향(蘭香) 등 네 가지 향이 있다. 진향은 우전 찻잎이 갖춘 싱그러움, 즉 다신을 말하고, 순향은 안팎이 같은 향, 즉 불기운이 안팎에 적절히 가해져야 한다는 것, 청향은 타거나 설익지 않은 향, 즉 솥 온도가 너무 뜨겁거나 약하지 않아야 한다는 것, 난향은 불기운이 고르게 든 향, 즉 솥 안에서 적당한 시간 머물러야 한다는 것이다.

이를 종합하면, 우전 찻잎에 든 진정한 차향(진향)을 잘 보전하기 위해서는 덖을 때 불 조절을 잘하라는 말이다. 덖음제다에서 자칫 차향을 날려 버리는 잘못을 경계하라는 말이자 덖음제다법이 다신 보전을 위한 녹차제다법으로서 증배법에 필적하지 못한다는 말이기도 한다.

따라서 좋은 차란 녹차로서 다신(녹향)이 잘 보전된 차이다. 색·향·맛으로 볼 때 ① 차탕색이 이른 봄 생명의 부활을 상징하는 연록색이고, ② 향으로서는 그 차를 마시면 생찻잎에 든 상큼한 녹향이 심신에 이입되는 활력을 느낄 수 있어야 하며, ③ 차맛은 특정한 맛이 두드러지지 않게 오미(단맛·쓴맛·짠맛·신맛·감칠맛)가 조화되어 자연의 조화로운 아름다움을 상징하는 것이어야 한다. 다산의 배쇄 백차는 물론 녹차인 구증구포 단차 및 삼증삼쇄 차병이 그런 차라고 할 수 있겠다.

3

다산차의 전승

다산의 증배(蒸焙)제다 및 그에 따른 녹차로서의 단차(團茶)는 초의에게 이어졌다. 이에 대한 근거로서 박영보의 「남차병서」, 신위의 「남차시병서」, 이유원의 「죽로차」를 들 수 있다. 세 문헌에서 관련 대목만 살펴보자면, 박영보가 경화사족으로서 최초로 초의의 차를 접하고 언급한 「남차병서」에 "하늘 위 달님인 듯 용봉단 작게 빚자(天上月團小龍鳳) … 두강으로 잘 만든 단차를 가져왔지(頭綱美製携團團)"라 하여 초의차가 용봉단처럼 작은 덩이로 만든 단차였음을, 신위가 박영보로부터 초의차를 전해 받고 쓴 「남차시병서」에는 "초의가 직접 찌고 말려서(草衣禪師 親自蒸焙)"라 하여 초의가 증배제다를 했음을 알 수 있다.

다음은 이유원의 「죽로차」 전문이다.

「죽로차」

縣屬湖南貢楛箭   호남 속한 고을이라 싸릿대가 공물일세

寺傍有田田有竹　절 옆에는 밭이 있고 밭에는 대가 있어

竹間生草露華瀽　대숲 사이 차가 자라 이슬에 젖는다오

世人眼眵尋常視　세상 사람 안목 없어 심드렁히 보는지라

年年春到任薵薵　해마다 봄이 오면 제멋대로 우거지네

何來博物丁洌水　어쩌다 온 해박한 정열수 선생께서

敎他寺僧芽針選　절 중에게 가르쳐서 바늘 싹을 골랐다네

千莖種種交纖髮　천 가닥 가지마다 머리카락 엇짜인 듯

一掬團團縈細線　한 줌 쥐면 움큼마다 가는 줄이 엉켰구나

蒸九曝九按古法　구증구포 옛 법 따라 안배하여 법제하니

銅甑竹篩替相碾　구리 시루 대나무체 번갈아서 방아 찧네

天竺佛尊肉九淨　천축국 부처님은 아홉 번 정히 몸 씻었고

天台仙姑丹九煉　천태산 마고선녀 아홉 번 단약을 단련했지

筐之筥之籤紙貼　광주리 소쿠리에 종이 표시 붙이니

雨前標題殊品擅　'우전'이란 표제에다 품질조차 으뜸이라

將軍戟門王孫家　장군의 창 세운 문, 왕손의 집안에서

異香繽紛凝寢讌　기이한 향 어지러이 잔치 자리 엉긴 듯해

誰說丁翁洗其髓　뉘 말했나 정 옹이 골수를 씻어 냄을

但見竹露山寺薦　산사에서 죽로차를 바치는 것 다만 보네

湖南希寶稱四種　호남 땅 귀한 보물 네 종류를 일컫나니

阮髥識鑑當世彦　완당 노인 감식안은 당세에 으뜸일세

海樨眈蒜檳榔葉　해남 생달, 제주 수선, 빈랑 잎 황차러니

與之相垺無貴賤	더불어 서로 겨뤄 귀천을 못 가르리
草衣上人齎以送	초의 스님 가져와서 선물로 드리니
山房緘字尊養硯	산방에서 봉한 편지 양연 댁에 놓였었지
我曾眇少從老長	내 일찍이 어려서 어른들을 좇을 적에
波分一椀意眷眷	은혜로이 한 잔 마셔 마음이 애틋했네
後遊完山求不得	훗날 전주 놀러 가서 구해도 얻지 못해
幾載林下留餘戀	여러 해를 임하에서 남은 미련 있었다네
鏡釋忽投一包褁	고경 스님 홀연히 차 한 봉지 던져 주니
圓非蔗餹餅非茜	둥글지만 엿 아니요, 떡인데도 붉지 않네
貫之以索疊而疊	끈에다 이를 꿰어 꾸러미로 포개니
纍纍薄薄百十片	주렁주렁 달린 것이 일백열 조각일세
岸幘褰袖快開函	두건 벗고 소매 걷어 서둘러 함을 열자
床前散落曾所眄	상 앞에 흩어진 것 예전 본 그것이라
石鼎撑煮新汲水	돌솥에 끓이려고 새로 물 길어 오고
立命童竪促火扇	더벅머리 아이 시켜 불부채를 재촉했지
百沸千沸蟹眼湧	백 번 천 번 끓고 나자 해안이 솟구치고
一點二點雀舌揀	한 점 두 점 작설이 풀어져 보이누나
胸膈淸爽齒齦甘	막힌 가슴 뻥 뚫리고 이뿌리가 달콤하니
知心友人恨不遍	마음 아는 벗님네가 많지 않음 안타깝다
山谷詩送坡老歸	황산곡은 차시 지어 동파 노인 전송하니
未聞普茶一盞餞	보림사 한 잔 차로 전별했단 말 못 들었네

鴻漸經爲瓷人沽　육우의『다경』은 도공이 팔았으나

未聞普茶參入撰　보림차 뽑는 데 참여했단 말 못 들었네

瀋肆普茶價最高　심양 시장 보이차는 그 값이 가장 비싸

一封換取一疋絹　한 봉지에 비단 한 필 맞바꿔야 산다 하지

薊北酪漿魚汁腴　계주 북쪽 낙장과 기름진 어즙은

呼茗爲奴俱供膳　차를 일러 종이라 하고 함께 차려 권한다네

最是海左普林寺　가장 좋긴 우리나라 전라도의 보림사니

雲脚不憂聚乳面　운각에 유면이 모여듦 걱정 없네

除煩去膩世固不可無　번열과 기름기 없애 세상에 꼭 필요하니

我産自足彼不羨　우리 차면 충분해서 보이차가 안 부럽다

위의 시 밑줄 친 시구에서 알 수 있듯이, 다산이 보림사 승려들에게 우전 찻잎의 구증구포 단차 제다를 가르쳤고(何來博物丁洌水 어쩌다 온 해박한 정열수 선생께서 / 教他寺僧芽針選 절 중에게 가르쳐서 바늘 싹을 골랐다네 / 千莖種種交纖髮 천 가닥 가지마다 머리카락 엇짜인 듯 / 一掬團團縈細線 한 줌 쥐면 움큼마다 가는 줄이 엉겼구나 / 蒸九曝九按古法 구증구포 옛 법 따라 안배하여 법제하니 / … / 百沸千沸蟹眼湧 백 번 천 번 끓고 나자 해안이 솟구치고 / 一點二點雀舌揀 한 점 두 점 작설이 풀어져 보이누나), 이를 초의가 가져왔다(草衣上人齎以送 초의 스님 가져와서 선물로 드리니).

그 수량이 「다신계절목」에서 "餠茶二斤"이라 했듯이 용봉단

처럼 작은 떡 모양으로 만들어 백여 개씩 꾸러미로 꿰어 저울로 달아(斤) 측정할 만했으며(貫之以索疊而疊 끈에다 이를 꿰어 꾸러미로 포개니 / 纍纍薄薄百十片 주렁주렁 달린 것이 일백열 조각일세), 둥근 떡차 형태이지만 청태전류의 당대(唐代) 증제(蒸製, 쪄서 찧어 뭉개서 떡으로 만든) 떡차처럼 찻잎을 뭉갠 떡차가 아닌 단차(團茶)였기에 산화발효되지 않은 고급 녹차였다(圓非蔗餹餅非茜 둥글지만 엿 아니요. 떡인데도 붉지 않네).

그런데 초의가 가져온 이 다산의 구증구포 우전 녹차로서의 단차가 품질이 당시 중국 보이차가 안 부러울 정도(潘肆普茶價最高 심양 시장 보이차는 그 값이 가장 비싸[1] / 一封換取一疋絹 한 봉지에 비단 한 필 맞바꿔야 산다 하지 / … / 我産自足彼不羨 우리 차면 충분해서 보이차가 안 부럽다)였다는 것이다.

---

1   여기에서 다산의 구증구포 우전 녹차(형태는 團茶)를 보이차와 비교한 것으로 보아 당시 보이차 역시 녹차였음을 알 수 있다.

VI

한국 차학과 차문화 혁신을 위한
비판과 제언

* 이 장은 '차학자' 또는 '차의 대가'라는 이름을 내세워 지자체 차사업 연구
용역 수임의 형식으로 거액의 지자체 예산을 받아내거나 민간 차업체의
차 행사 주관 핑계로 국·도비 지원을 전문적·관례적으로 끌어내는 남
도 차산지 대학(대학원) 차학과 일부 관계자들(교수 및 연구원)과 차명망
가들이 차와 차문화의 본질 탐구 보다는 차의 사업화·물량화·상업화·
이벤트화 기획을 통해 자신들의 명리추구에 골몰하는 반지성적·반차인
적 행태로써 한국 차학과 차문화를 심각하게 퇴행시키고 있는 현실을 고
발하는 것이다.

1

명나라 초배법(炒焙法)과 한국 전통차,
타당한 콜라보일까?[1]

– 순천대 지리산권문화연구원 '전통제다 자료 DB화' 프로젝트 논란에 부쳐

'전통제다 자료 DB화' 프로젝트를 수행하고 있는 순천대 지리산권문화연구원 이욱 원장 및 그의 동료들의 반론이 더 이상 없기에 이번 논쟁의 마무리 삼아, 그리고 이욱 원장과 지리산권문화연구원이 추진하고 있는 이 프로젝트 관련 토의에 내가 달리 조언할 기회가 없을 것이기에, 한국 전통차의 발전과 활성화를 바라는 한 사람으로서 다른 차인이나 차학자들이 하지 않거나 감히 하지 못하는 학술적 조언을 상세히 하고자 한다. 혹시라도 훗날 '전통제다 DB화' 프로젝트 결과평가에서 목표 설정이나 연구방법론이 문제되어 불행한 사태가 생기지 않기를 진심으로 바라면서다.

---

1 최성민 남도정통제다 · 다도보존연구소 소장 / 승인 2023.07.05.본지는 순천대 지리산권문화연구원 학술세미나에 관련된 지상토론을 마무리하고자 한다. 본 지상토론에 참여해 주신 남도정통제다 다도보존연구소 최성민 소장, 순천대학교 이욱 교수, 부산대 정영식 교수에게 감사를 드린다. 〈편집자주〉 (뉴스차와문화 2023년 7월 5일 기사)

1) 전통차 살리기와 "기호음료 전통차 입지 마련"은 자가당착

모름지기 차란 무엇인가, 왜 차를 마시는가, 좋은 차란 어떤 차이며 그 본질은 무엇인가, 이욱 원장과 위 프로젝트 추진팀의 바람대로 어떻게 전통차의 장점을 살려 대표적 기호식품의 입지를 마련하느냐 등등을 생각할 때, 전통제다에 관한 전문지식을 기반으로 오늘날 한국 차가 처한 현실을 면밀히 분석해 봐야 할 것이다.

이욱 원장의 진단이 아니더라도 한국 차는 지금 서양 커피와 중국 보이차에 밀려 질식 상태에 있다. 그렇다면 한국 차가 커피와 보이차에 밀리는 원인을 생각해 봐야 할 것 아닌가. 이욱 원장은 이번 학술대회 개최 목적 중 하나가 "한국 전통차가 커피와 같은 수입차에 밀리는 이유와 그 대책을 발표한나."는 것이라고 하였으나, 커피가 (수입)차도 아닐뿐더러 학술대회 발표문 어디에도 전통차가 그 (수입)차에 밀리는 이유와 대책은 없었다. 이욱 원장과 프로젝트 담당팀이 문제는 인지하고 있으나 아직 그 해답을 모르고 있다고 생각된다.

커피의 특징은 쓰고 강한 맛과 향이다. 보이차의 특징은 초가지붕 '썩은새' 비슷한 독특한 냄새와 "녹차는 냉하고 보이차는 몸을 따뜻하게 해 준다."는 근거 없는 선전문구의 덕을 본다는 것이다. 즉, 커피와 보이차가 한국 전통차를 누르는 원인 또는 특성은 강한 '기호성'과 그것을 활용한 선전문구이다. 사람들이 녹차는 쓰고 떫어서 싫다고 하면서도 녹차보다 훨씬 쓴맛이 강한 아메리카노와 같은 커피에 쏠리고, 녹차의 꽃다운 진향(眞香, 芳香)과는 퍽 다른 냄새가 나는 보이차를 맹종하는 데서는 맛에 대한 이중성 안에 도사린 맹목적 유행 좇기 성향을 볼 수 있다.

따라서 전통차 진작을 위해서는 커피나 보이차와 같은 '기호음료'가 아닌 '심신건강 수양음료'로서의 녹차의 차별성을 부각시켜 그것이 녹차 유행의 단서가 되도록 해야 한다. 이런 점에서 이욱 원장이 "전통차의 장점을 살려 대표적 기호식품의 입지를 마련하겠다."고 하는 것은 자가당착이다. 전통차가 커피와 보이차에 밀리는 원인이 전통차를 '기호식품' 수준으로 격하시켜 경쟁에서 낙오되게 한 것인데, 전통차의 '기호식품으로서 입지'를 마련하겠는 것은 전통차의 무덤을 더 깊이 파겠다는 일이 아닐까?

2) '전통제다 자료 DB화' 프로젝트, 주춧돌부터 다시 놔야

그런데 차를 상업적 대상으로 생각할 때 그렇다는 것이다. 따라서 그렇게 하는 것이 순수한 학구적 자세라고 할 수는 없다. "전통차가 수입차에 밀리는 이유와 대책 마련"이라든지 "전통차를 대표적인 기호음료의 입지로…"라는 구호의 순천대 지리산권문화연구원 '전통제다 DB화' 프로젝트는 한편으로 학문의 이름을 빌려 '차 상업주의'에 부역하는 측면이 있다고 생각한다. 차학이나 차문화의 본령이 차를 얼마나 많이 팔고 마시게 하느냐의 명제에 갇히는 모습은 학문의 자존심을 무너뜨리는 초라한 모습이 아닐 수 없다.

더구나 이런 프로젝트에 국립대 학술연구원의 이름이 실려 있다는 점에서 이 프로젝트가 순수한 학술적 전문성 지향을 도외시하는 모습을 상상하기 싫다. 이런 우려는 지리산권문화연구원 '전통제다 DB화' 프로젝트 책임자들이 대부분 전통차에 대한 전문성과는 거리가 먼 사람들이라는 사실에서 더욱 커진다. 이들에게 전통차에 관한 학술적이고 현상성 있는 전문직 조언이 필요한 이유이다.

'전통제다 자료 DB화' 목적은 두말할 것 없이 이욱 원장 말대로 전통 제다의 장점을 살려 오늘에 활용하고 내일에 전승시키자는 것일 터이다. 그렇다면 우선 전통제다가 무엇인지, 그 정체성에 대한 확인과 규명이 전제되어야 하고, 그 바탕 위에서 DB화 자료로서 채택할 전통 제다의 특장점이 무엇인지를 가려내는 작업이 뒤따라야 할 것이다.

이욱 원장은 전에 "기록만 하고 평가는 하지 않는다."는 DB

화 작업 원칙을 밝힌 바 있다. 또 이번 '전통차의 현대적 활용'
이라는 학술대회 개최 취지 설명에서는 "우리의 연구 결과가 현
장성이나 실용성이 없어 널리 활용되지 못하고 박제화된 지식
의 집적에 그치는 것"이 우려된다고 하였다. 그리고 내 글에 대
한 반론에서 "유명 제다인들…, 척박한 한국 전통차 제다 현장
에서 힘들게 노력하고 계시는 분들"이라고 하였다. 또 DB화 작
업의 근본 목적을 "한국 전통차가 가지고 있는 가치가 재해석되
어 우리 사회에서 널리 음용되고 나아가 전 세계적으로 우리 전
통차의 우수성을 인정받도록 하는 데 있다."고도 하였다.

'전통제다 자료 데이터베이스화' 총책인 이욱 원장의 이러저
러한 말은 지리산권문화연구원이 이 프로젝트 수행에 있어서
현행 "유명 제다인들"의 제다 양상을 '그 가치가 재해석되어야
할 전통제다'라고 보고 있다는 것, 그러면서도 그것을 기록하는
것이 '박제된 지식의 집적'이어서 현장성이나 실용성이 없을 것
을 우려하여 미비점을 보완하기 위해 학술대회를 열었고 앞으
로도 열겠다는 뜻으로 들린다.

이욱 원장의 앞뒤 상충되는 듯한 발언은 이 프로젝트의 기본
틀이 흔들리고 있다는 느낌을 준다. 그러나 비전문가들이어서
애초에 기본 틀을 확고하게 세우지 못하고 도중에 문제를 깨달
아 보완하겠다는 자세를 탓할 수는 없겠다. 여기서 내가 강조
하여 지적하고자 하는 것은 지금 지리산권문화연구원의 전통

제다 기록화 사업의 기본 틀은 흔들리면 보완하여 고칠 정도가
아니라 아예 처음부터 단추가 잘못 끼인 것이니 주춧돌부터 갈
아야 할 정도로 문제가 있다는 것이다. 그 이유와 근거를 말하
겠다.

3) 오늘날 한국 전통차의 불행은 어디에서 시작됐는가?

이욱 원장 말대로 "척박한 한국 전통차 제다 현장에서 힘들게
노력하고 계시는 '유명 제다인들'"이 실행하고 있는 "해석하여
활용할 가치가 있는" 현행 제다는 대부분 '덖음제다(炒焙法)'일
것이다. 최근 김대호 연구원이 녹화하여 페이스북에 올린 제다
모습도 모두 덖음제다이다. 초배법은 초의선사가 『동다송』과
『다신전』에 연거푸 소개한 명나라 제다법임을 두 책을 면밀히
읽은 사람이라면 누구도 부인할 수 없을 것이다.

이것을 최근에 '초의차'가 한국 전통차의 전형인 것인 양 내세
우는 이들이 이른바 '초의제다법' 또는 한국 전통제다법인 것처
럼 포장하여 선전하고, 이욱 교수가 말한 이른바 "유명 제다인"
들이 문제의식 없이 따라 하게 되면서 확산된 것이다. 나는 그
것이 명나라 제다법이기에 한국 전통 제다법일 수 없다는 사실
을 그 초배법이 명나라에서 부각된 연유 및 이욱 원장이 말한

"유명 제다인"의 대표격이자 대표적인 '초의차' 옹호인이 내세우는 '초의제다법' 또는 '초의차'의 황당한 원리를 근거로써 설명해 보겠다.

우선, 나는 위에 말한 "유명 제다인"의 대표격이자 대표적인 '초의차' 옹호인이 초의 제자 응송 스님으로부터 '다도전계(茶道傳偈)'라는 걸 받아 초의 다맥을 "유일하게" 잇고 있다고 자처하는 (사)동아시아차문화연구소 박동춘 소장이라고 생각한다. 그 자신도 그렇게 불리기를 원하는 것 같고 거기에 아직 이의제기하는 사람이 아무도 없으니, 그를 '초의차 옹호인'이라고 부르는 것은 무리나 실례는 아닐 것 같다.

박 소장은 "난만했던 고려시대 차문화가 조선시대에 민멸된 것을 초의가 중흥시켰다."는 주장을 강하게 해 왔다. 그는 초의 제다법의 특징으로 '온돌방 말리기'와 '강한 비비기'를 든다. 또 "초의차의 장점이 깊은 비비기로 엽록소가 차탕에 산출돼 맑고 시원하다."고도 했다. 계명대 목요철학원 주최 '2020년 하반기 차문화 학술심포지엄' 〈차나무, 꽃과 열매가 만나다〉에서 그가 한 말이다.

그러나 박동춘 소장은 최근에는 엽록소가 들어 있는 차의 진액을 짜낸 차를 만들어서 고려시대 '백차'를 복원했다고 주장하고, 또 고려청자 다기를 복원했다고 하면서 사용하고 있다. 나는 박 소장의 여러 주장이 학술적인 근거가 없이 상충하고 있다고 판단한다. 그런 언행 탓에 그의 '초의차' 관련 주장이나 제다 이론의 신뢰성이 매우 적어 보인다.

'온돌방 말리기'는 초의 당시에 마땅한 마무리 건조 시설이 없었기에 편의상 사용한 방법이라고 할 수 있다. 중국의 번잡하지만 정교한 홍배법(烘焙法)과 비교하면 '온돌 건조' 방식을 특징이라고 말하기는 옹색하다. 깊고 강한 비비기로 엽록소가 (차탕에) 산출된다는 말은 엽록소가 물에 녹지 않음을 모르고 하는 억지 주장이다. 또 강한 비비기는 엽록소 안에 든 티폴리페놀산화효소를 자극하여 폴리페놀 산화를 앞당겨 폴리페놀 보전이 일차적 목적인 녹차의 질을 떨어뜨릴 뿐이다.

4) 이른바 '유명 제다인'들의 제다 및 자 이론에 대한 무지 또는 착각

이런 정도의 모습이 이욱 원장이 말하는 이른바 "유명 제다인" 또는 차학자들의 전통차와 전통제다에 관한 인식 수준이라고 생각한다. 여기에서 나는 "박제화된 지식의 집적"을 걱정하는 이욱 원장께서는 "유명 제다인"들을 무조건 숭상하는 듯한 자세를 취할 것이 아니라, 제발 학자로서의 비판정신과 전통제다 DB화 작업의 책임자로서 "유명 제다인들"의 진술에 대한 변별력을 갖길 바란다. 박동춘 소장의 주장이 학술적 근거가 없음을 아래와 같이 설명하겠다.

박 소장은 초의차의 특성이 난향이 나는 것이라고 위와 같이 주장하면서, 차가 허브과이니 난향은 차의 허브향을 말한다고 하였다. 초의가 쓴『다신전』과『동다송』에 '제다'의 어려움을 말하면서 '차의 4향'을 소개하였다. 그 4향은 순향(純香), 청향(淸香), 난향(蘭香), 진향(眞香)이다. 순향은 안팎이 같은 향, 청향은 타지도 설익지도 않은 향, 난향은 불기운이 고르게 든 향, 진향은 우전 찻잎이 지닌 싱그러운 향이라고 했다.

단지 '유명 제다인'뿐만 아니라 다원에서 4계절 차의 생태를 관찰하며 유의 깊게 제다를 하는 현장 제다전문인이라면 '차의 4향'의 의미를 몸으로 감지하여 잘 알 것이다. 즉, 초의나 장원이 제다에 앞서 4향을 말하는 것은 향과 제다의 관계의 중요성을 말하는 것이다.

4향에 대한 설명을 보면 순향에서 난향까지는 특정한 향의 특성을 말하는 것이 아니라 '안팎', '설익거나 타지 않은', '불기운이 고르게 든'이라는 말로써 제다에서 불기운 조절의 중요성을 말하는 것이다. 즉, 너무 세거나 약하지 않은 불기운으로 적당한 시간 동안 살청을 하라는 것이다. 그러나 "우전 찻잎이 지닌 싱그러운 향"이라는 진향에 대한 설명은 제다와 무관함을 알 수 있다. 향(香) 앞에 진(眞) 자가 붙은 것은 진향이야말로 진정한 차의 향이라는 의미이다. 따라서 '4향'의 의미는 제다에 있어서 진향을 잘 보전시키는 비결이라고 할 수 있다.

진향은 곧 우전 찻잎이 갖춘 다신(茶神)으로서 녹향을 말한다. 제다인들만이 알 수 있듯이, 우전 생찻잎을 따서 한 움큼 맡아 보면 추사가 말한 "심폐를 시원하게 하는" 향이 몸 안으로 스며드는 것을 감지할 수 있다. 학술적으로 녹향은 '청엽알코올'이라고 하는데, 피톤치드 효능의 일종으로서 스트레스를 없애 주고 심신의 활력을 증진시켜 주는 것으로 알려져 있다. 즉, 차의 3대 성분인 티폴리페놀·테아닌·카페인이 발휘하는 수양다도의 기능이 이 녹향에 함축돼 있음을 알 수 있다. 선현들이 남긴 차시(茶詩)들에도 이 녹향을 칭송하는 문구들이 많이 눈에 띈다.

5) 전통제다 비전문인들에 의한 '전통제다 DB화' 프로젝트 수행의 문제점

이욱 원장은 "전통차의 현대적 활용이 제다뿐인가?"라고 하였다. 이 교수가 제다와 4향의 이런 중요한 관계를 알았다면 '전통 제다 자료 DB화' 프로젝트를 이끄는 총책임자로서 결코 저토록 무모하고 무책임한 말을 하지는 않았을 것이다. 이제 완제차에서 녹향을 살리는 전통 제다의 중요함, 그리고 한국 전통 제다를 왜곡하고 오염시켜서 제다를 비롯한 한국 차문화를 뒤처지게 한 원인이 '덖음제다'라는 사실을 학술적 근거에 기반해 설명하겠다.

완제차 또는 그 차탕에서 진향이 난다 함은 완제된 차에 녹향이 잘 보전돼 있다는 말이다. 그리고 그것은 '차의 4향'의 견지에서 제다가 이상적으로 잘되었다는 말이다. 초의가 『동다송』 제60행 주석에서 유일하게 창의적으로 "評曰 採盡其妙 … 茶道盡矣"라고 하여 '다도'를 규정한 것은 제다에서 진향을 잘 보전하여 완제차에 담고, 그것을 차탕에 정상적으로(中 · 正하게) 발현시키는 방법을 말한 것이다. 그렇다면 진향 곧 녹향을 차에 잘 보전시키는 제다법은 어떤 것인가?

녹향 곧 청엽알코올은 비등점이 섭씨 157도이다. 바로 여기에 녹향을 보전하느냐 못하느냐의 제다 포인트가 있다. 여기에서 녹향을 보전하는 관건이 제다(살청) 공정에서 찻잎의 온도가 섭씨 157도까지 올라가지 않도록 해야 한다는 것임을 똑똑한 초등학생도 이해할 수 있을 것이다. 일본 제다가 철저하게 증배법(蒸焙法)을 채택해 오고 있는 이유가 바로 그것이다. 이욱 원장은 "일본 제다기법 참고"를 말했는데, 이런 사실을 알고 말했는지 궁금하다. 이와 관련하여 한국 전통제다사상 중요한 사실을 소개하겠다.

우선 제다사 및 그것과 궤를 함께하며 다기를 위주로 했던 도예사의 요점을 설명할 필요가 있겠다. 제다사는 다기를 중시했던 도예사와 함께 중국과 한국이 유사하게 흘러왔다.『다경』제4항('찻그릇')을 보면 떡차 제다가 성행했던 당나라 때 청자 다기를 선호한 이유가 있다.

당나라 때 차의 주류는 떡차였다. 그런데 녹차로서의 차의 본질 구현을 지향하면서 보관 및 운반 편의상 떡차 형태로 만들었으나 건조 과정의 미흡으로 산화차가 돼 버렸다. 녹차의 녹색 탕색을 기대했던 당시 차인들은 변질돼 '쉰 차'가 돼 버린 떡차의 황적갈색 탕색이 조금이라도 녹색으로 보이도록 형주요의 백자보다 월주요 청자를 선호했다. 즉, 청자 다기가 이상적이어서가 아니라 녹차 탕색 갈구 의지가 거기에 담겨 있는 것이다.

이런 맥락을 근거로 당대의 산화된 녹차로서의 떡차 음다 양태는 청자 다기 위주의 도예문화와 함께 고려로 이입되었다고 판단할 수 있다. 그러나 녹색 차탕색이 변하지 않는 잎녹차와 그 제다법인 초배법이 유행한 명나라 때는 녹색 차탕색을 그대로 받쳐 주는 백자 다기가 선호되면서 백자 위주의 도예문화가 펼쳐졌고, 그것이 그대로 '조선 백자' 문화로 이입돼 이행되었다.

이런 사실은 잎녹차 시대인 오늘날 '산화 변질된 녹차'라고 할 수 있는 당나라 떡차의 아류인 청태전 복원이 얼마나 학술적으로 무지한 짓이며, 박동춘 소장이 잎녹차인 '초의차'의 "엽록소가 산출된 차탕"을 '초의차'의 특성으로 주장하면서 동시에 엽록소를 짜낸 '백차 복원'과 함께 고려청자 다기를 복원했다고 외치는 것이 학술적으로나 제다사상으로 얼마나 허무맹랑한지 가늠할 수 있다.

6) 다산이 창안한 구증구포 · 삼증삼쇄가 진정한 한국 전통제다인 이유

"제다사는 다기를 중시했던 도예사와 함께 중국과 한국이 유사하게 흘러왔다."는 관점에서 파악할 때, 위에 소개하겠다고 말한 '중요한 사실'은, 중국 송나라에서 연고차 제다가 성행한 이후 한국 조선에서 다산이 강진 다산의 야생다원 현장 제다 전문가로서 구증구포 단차(團茶) 제다는 물론 송나라 연고차 제다의 단점을 보완한 뛰어난 연고차의 일종이라고 할 수 있는 '삼증삼쇄 차떡(茶餠)'을 제다하도록 했다는 것이다. 다산이 1830년 강진 제자 이시헌에게 보낸 차떡 제다 지시 요점은 다음과 같다.

"…지난번 보낸 차는 거칠어서 문제가 있었네. 우전 찻잎을 세 번 찌고 말려서 곱게 갈아 돌샘물로 반죽하여 떡처럼 만들어야 죽처럼 마실 수 있다네."

이때 송나라에서 임금께 바친 공납차로서 '용단승설'과 같은 연고차 제다법은, 찻잎을 쪄서 진액을 짜내고 말려서 곱게 갈아 떡처럼 만든 것이었다. 다산은 송대 연고차처럼 진액을 짜내는 일이 번거롭고 차의 본성을 잃게 하는 것이어서 그것을 보완 대체할 목적으로서 삼증삼쇄로 차의 효능을 100% 활용하는 '다산 차떡'을 만든 것이라고 볼 수 있다.

또 명나라 때 잎녹차 제조법이 성행하게 된 유래는, 명태조 주원장이 이런 연고차 제다의 민폐를 없애기 위해 초배법을 쓰도록 칙령을 내린 것이었다. 초배법은 육우의 『다경』에 나오듯이 일찍이 대중지성이 만들어 낸 제다법이다. 『다신전』의 원전인 장원의 『다록』에도 그것을 '초의 제다법'처럼 누가 창안한 제다법이라고 하지 않았다.

또 『다신전』과 『동다송』에서 초의도 분명히 "옛사람의 말을 인용하여" 그것을 소개한다고 했지, 초의 자신이 고안해 낸 것이라고 하지 않았다. 주원장이 초배법을 실행하도록 칙령을 내린 것은 연고차 제다의 민폐를 덜어 주기 위해 쉬운 제다법으로서 초배법을 말한 것이지, 초배법이 연고차를 만든 증배법보다 좋은 차를 만드는 제다법이기 때문이라는 흔적이나 증거는 어디에서도 찾을 수 없다.

이런 맥락에서 보면 송대 연고차 제다의 심각한 문제를 개선하기 위해 등장한 초배법과 그에 의한 녹색 차탕의 '초의차'를 한국 전통제다와 전통차의 전형인 것처럼 주장하고 있는 박동춘 소장이 찻잎의 진액을 다 짜낸 송대 연고차 제다법에 의거하여(박 소장이 그렇게 주장하고 있다) 그 아류인 '고려 단차'와 고려청자 다기를 복원했다고 주장하는 것은 참으로 아이러니하다. 내가 이욱 원장에게 "유명 제다인"의 맹목적 추종을 지양하고 학자적 비판의식을 갖고 그들을 분별하여 바라보기를 바라는 이유가 여기에 있다.

7) 덖음제다와 다산의 구증구포·삼증삼쇄 증배제다 비교

여기서 다산의 구증구포 단차 제다와 삼증삼쇄 차떡 제다를 실례(實例)로 하여 이른바 '초의 제다법'으로 주장되고 있는 '덖음제다'가 왜 한국 전통차와 전통제다를 비롯한 한국 차문화를 후퇴시키고 있는지를 정리해 보자.

다산의 구증구포 단차 제다는 물론 삼증삼쇄 차떡 제다는 더이상 설명할 필요가 없이 최상급의 일본 말차를 생산하는 일본 증배 제다의 장점을 뛰어넘는 증배제다라고 할 수 있다. 그 이유는 옛 선현 차인들의 이상인 녹향을 가장 효율적으로 보전하는 녹차 제다법이기 때문이다. 이에 비해 녹향 보전과 관련하여 '초의 제다법'이라고 하는 초배법의 문제를 들어 보자.

이욱 원장이 말하는 "유명 제다인들"의 초배법에 있어서 차를 덖는 솥의 온도는 섭씨 300도에서 400도에 이른다. 그들은 그 높은 온도에서 덖는 것을 무용담처럼 자랑하기도 한다. 얼마 전 지리산권문화연구원 프로젝트 책임자의 한 사람인 김대호 연구원이 선암사차를 페이스북에 소개하면서 "볶은 차"라고 한 기억이 있다. 솥 온도가 오죽하면 깨를 볶듯이 볶았다고 하겠는가. 이렇게 센 온도로 차를 덖는 초배법이 유행하면서 "한국 차의 특성은 고소하다."라는 말과 함께 차에서 녹향이 중요하다는 인식은 사라지게 되었다.

300~400도에서는 찻잎이 솥바닥에 닿는 순간 따발총 소리가 나면서 표피가 터지고 순간에 녹향이 날아가 버린다. 그리고는 고춧잎 데친 풀 냄새만 남는다.

어떻게 해서라도 이 고춧잎 냄새를 덮고 풀 냄새와는 다른 냄새를 내기 위해 '구증구포'라는 말까지 동원해 가며 여러 번 뜨거운 솥에 넣게 된다. 이런 초배법이 제다나 살청을 "차의 냉기를 없애기 위해서 한다."거나(혜우) "찻잎의 독소를 제거하기 위해 한다."(박동춘) 또는 "초의가 한국 차문화를 중흥시켰다."는 주장과 함께 한국 전통 제다법의 주류로 행세하고, 그렇게 해서 만든 차가 "고소한 맛"과 더불어 한국 차문화를 주름지게 하면서 차의 품격을 '기호음료'로 떨어뜨려 커피와 보이차에 밀려나는 운명을 맞게 하고 있다.

박동춘 소장은 "다산 제다가 제다사에 제시된 적이 없다!"고까지 말하면서 '초의 제다(초배법)'를 옹호하고 있다. 여러 차시와 「다신계절목」 및 다산이 이시헌에 보낸 편지를 통해 무엇보다 뚜렷이 역사(제다사)적으로 기록된 월등한 제다법인 다산 제다를 백안시하면서 명나라 제다법을 한국 전통 제다법이라고 우기고, 그 제다법으로 만든 차가 한국 전통차의 주류가 되었는데, 그런 차가 커피와 보이차에 형편없이 밀리고 있다면 한국 전통차와 차문화를 후진시키고 있는 주체는 누구 또는 무엇이겠는가?

8) 청태전·뇌원차 '복원'의 기시감, 같은 일 재연 않기를

이쯤이면 누구라도 한국 전통차가 커피와 보이차는 물론 고소한 냄새가 강한 보리차와 옥수수수염차에도 밀리는 이유를 알 수 있을 것이다. 이욱 원장이 한국 전통차의 장점을 살린다면 녹향이 아닌 누룽지 냄새를 더 강하게 하겠다는 것인가? 선현들이 차시에서 녹향을 주로 강조했던 시기는 대체로 초의가 초배법을 소개하기 전이었다. 그 당시에는 이덕리의 『(동)다기』와 다산 제다에서 볼 수 있듯이 차원 높은 증배제다가 실행되고 있었다. 내가 덖음제다가 한국 전통 차문화를 후퇴시킨 주범인 것처럼 생각하는 이유는 이런 데 근거한다.

이욱 원장은 덖음제다를 "유명 제다인들이 척박한 제다 풍토에서 힘겹게 하고 있는 전통제다."라고 생각하여 그것을 평가 없이 녹취만 하겠다 하고, 또한 그것을 "박제화된 지식의 집적"이라고 하여 이율배반으로 보이는 프로젝트 수행 방법론을 채택하고 있는 게 아닌가? 그래서 프로젝트의 기본 틀을 주춧돌부터 새로이 하라고 조언하는 것이다. '전통제다 DB화' 프로젝트의 바른 수행을 위해서 내 말이 '쇠귀에 경 읽는 일'이 아니기를 바란다. 나 역시 오랫동안 '한국 전통 제다와 전통차'라는 수제의 연구를 해 왔고 그 연구보고서를 곧 발표할 예정이다. 이욱 원장과 지리산권문화연구원 '전통제다 DB화' 프로젝트 수행팀이 성공적인 프로젝트 완결을 위해 참고하기 바란다.

이욱 원장이 걱정하는 '박제된 지식의 집적' 문제를 해결할 수 있는 첩경은 이욱 원장 말대로 "한국 전통차의 발전"을 가장 바라는 사람들이자 오랜 경험을 지닌 현장 제다 전문가들의 의견을 들어 보는 것이다. 뒤늦게라도 학술대회 소회를 말한 김덕찬 대표에게 가한 '무례'를 반성하고 그를 다음 학술대회 토론자로 초대하기 권한다.

　김 대표는 직접 전통제다를 실천하고 있을 뿐만 아니라, 거의 모든 차 관련 학술행사를 찾아다니며 청취하고 있어서 남다른 학구열을 가진 현장 제다 전문가 중의 전문가라고 할 수 있다. 그런 지식 기반에서 말한 "전문성이 없다"는 지적을 전통제다와 거리가 먼 사람들이 자신들의 한정된 분야 학위를 근거로 학술적으로 무시하는 행태를 보인다면, 그것은 학자적 오만의 표현으로서 차학 발전을 막는 곤란한 일이다.

　끝으로, '청태전'과 '뇌원차'의 '복원'을 사례로 들어 'DB화 프로젝트'가 같은 일을 재연하는 기시감을 보이지 않기를 바란다. 2년째 접어들었다는 이 프로젝트 수행 과정에서 전통차와 전통제다의 의미를 제대로 규정하지 못하고 있는 데서 청태전 복원의 기시감이 느껴져서 하는 말이다. 또 이욱 원장이 말하는 "차를 마시는 이외에 차를 활용하는 방법, 심리 치료나 정신적 안정과 같이 차가 갖는 웰니스적 가치와 그 적용에 대한 연구"는 이미 다른 데서 상당히 진척되어 많은 논문으로 발표된 바 있고, '차훈명상'처럼 이상한 상품화로 퍼지고 있는 것도 있다. 이욱 원장이 포부를 실현하려면 이런 논문이 갖는 지나친 형이상학성 및 차가 갖는 웰니스적 가치의 상품화가 빚을 부작용부터 체크해 보기를 권한다.

　또 이미 있는 자료를 DB화하는 데 잘하면 1년, 아무리 길어도 2, 3년이면 족할 텐데 우주 로켓 개발 사업보다도 길게 6년 씩이나 끌고 갈 이유가 무엇인가? 6년 세월이면 앞서 채록한 자료는 이미 자료로서의 가치가 탈색돼 정말로 "박제화한 자료의 집적"에 지나지 않을 가능성이 높다. 더 이상의 좌고우면 없이 주춧돌을 곧추세우고 전문성을 보강하여 "전통차의 발전을 바라는 분들"의 기대를 하루라도 빨리 채워 주기 바란다. 그게 이 프로젝트 수행이 갖춰야 할 진정성과 가성비가 아니겠는가.

2

좋은 차, 좋은 차향은?

– 다산의 구증구포 단차(團茶) 및 삼증삼쇄 차떡(茶餅)의 경우

'왜 차를 마셔야 하는가? 어떤 차를 마셔야 하는가?'라는 질문은 세계 제다사와 차문화사가 지향해 온 목표 및 진정한 다도와 차생활이 어떤 것인지를 묻는 것과 같다. 오늘날 한국 차 명망가들이나 차학자들은 이 질문에 제대로 답하는 이가 없다. 예컨대 유튜브〈다석 TV〉에 차학자·차인들이 '좋은 차'에 관한 견해를 밝히고 있다.

"맑고 시원한 차"_동아시아차문화연구소 박동춘 소장
"(좋은 차란) 사람의 체질에 따라 다르나, 나는 열이 많아서 약간 냉기가 있는 녹차나 청차 계열을 좋아한다."_조기정 전 목포대 대학원 국제차문화협동과정 교수
"꿀떡 넘어가는 차, 침이 꼴꼴 솟고, 눈이 번쩍 뜨이고, 몸이 둥둥 뜨는 차. … 이유는 성분 때문이다. 좋은 성분이 인체에 반응을 일으킨다. 차에 많은 아미노산이 카페인과 결합하여 몸을 정화한

다.”_박희준 한국차문화학회 회장

“달고 향기로운 차….”_보이차상 ‘석가명차’ 주인 최해철 차인

이른바 고명한 한국 차학자 또는 차명망가들의 차 인식이 이 정도이니 한국차나 차문화의 현주소를 짐작케 한다. 누구 한 사람 유명세나 이름에 걸맞게 과학적으로 설명해 주지 못하고 자신의 육감적인 느낌을 말하고 있다. 한국 유명 차학자, 교수, 차명망가들이 이렇게 ‘좋은 차’에 대해 표준이 될 만한 정의를 내리지 못하고 초등학생이나 〈백반기행〉 수준의 ‘맛 감정’을 말하고 있는 이유는 정답이 있는 고전 다서 공부 또는 차의 본질에 대한 고민을 하지 않거나 차를 부전공격으로 삼고 있기 때문이다.

『동다송』 제45행에 “又有九難四香玄妙用”, 즉 “차에 아홉 어려움과 네 향이 있어서 서로 현묘하게 작용한다.”는 말이 있다. 그 주석에 구난은 『다경』에, 4향은 『만보전서』에 나온다고 했다. 『만보전서』는 초의의 『다신전』 필사(筆寫)의 원전으로서 명대 장원의 『다록』의 요점들을 실은 것이니, 4향은 『다록』에 나온다는 말이겠다. 그리고 『다록』과 『동다송』은 덖음제다법을 소개한 책이다.

이어 초의는 『동다송』 제45행 주석 ‘구난사향’ 풀이에서 “구난 중 첫째는 조(造, 一曰造, 즉 제다)”라 했고, 4향은 眞·蘭·淸·

純香으로서 "진향은 우전 찻잎이 갖춘 싱그러움(곧 茶神), 난향은 불기운이 고르게 든 향, 청향은 겉이 타거나 속이 설익지 않은 향, 순향은 안팎이 같은 향"이라 했다. "又有九難四香玄妙用"과 4향의 의미를 해석해 보면 좋은 차, 차향의 의미, 좋은 차와 제다법의 관계의 중요성을 한꺼번에 알 수 있다.

"又有九難四香玄妙用"은 차의 아홉 어려움과 차향이 밀접한 관계가 있고 차향이 매우 중요하다는 것인데, '一曰造'는 차향을 결정짓는 첫째가 제다라는 것이다, 그리고 4향의 설명은 제다에서 불기운 조절이 매우 중요하다는 의미와도 같다.

대학 차학과에서『동다송』열강으로 인기 있는 교수들이 강의하는 모습을 보면 "『동다송』이 한국차의 우수함을 칭송하는 책"이라고 초의의『동다송』저술 의도와는 동떨어진 주장을 주입시키며『동다송』한문 문구를 직역하는 데 에너지를 쏟고 있다. 한국 대학이나 대학원 차 관련 학과의 교수와 강의 수준이 그 정도라는 점에서 또한 한국 차학이나 차문화의 현주소를 알 수 있다.

한국 차학과 교수와 차명망가들이 '좋은 차' 인식을 바로하기를 권하는 의미에서『동다송』4향의 의미를 설명하겠다.『다록』에서 4향의 명칭 중 진향을 맨 앞에 두고, 4향 설명에서는 진향을 맨 끝에 두고 참 진(眞) 자 '진향'이라 한 내력은, 진향이 차의 진정한 향, 즉 오리지널(original)하고 오서덕스(orthodox)한 향이라는 뜻이다. 다른 세 향의 설명을 보면 향이 어떠하다고 향의 속성을 말한 것이 아니라, 모두 불기운의 조절을 강조하는 것이다. 즉 겉이 타거나 속이 설익지 않고(청향), 안팎이 같도록(순향), 불기운이 고르게 들어야(난향) 진향이 잘 보전돼 차탕에 발현된다는 것이다!

차를 그렇게 만들어야 하는 이유는, 다신이 잘 아우러진 그런 녹차를 마심으로써 다신이 마시는 이의 심신에 이입·전이되어 심신의 기운을 우주 자연의 청신한 활력(다신)으로써 정화하고 채워서 자연합일의 경지에 이르게 하기 때문이다. 이런 경지를 초의는 『동다송』에서 '독철왈신(獨啜曰神)', 즉 '홀로 차 마심을 우주자연의 활력(神)과 하나됨이라 한다.'는 말로 소개했다. 또한재 이목은 차를 마셔서 이르게 되는 자연합일의 경지를 다음과 같이 설명했다.

"神動氣入妙 是亦吾心之茶"
다신이 내 몸의 기운을 움직여 우주자연의 활력이 작동하는 경지에 이르게 하니, 이것이 바로 나라는 자의식마저 잊게 하는(吾) 마음의 차

이처럼 차향의 중요성과 제다에서 차의 진향을 구현해 내는

불기운 조절의 중요성을 알 수 있다. 오늘날 한국 대부분의 수제차 제다 농가에서는 초의가 소개한 명나라 제다법인 덖음제다(炒焙)를 하면서 '구증구포'를 외치고 있다. '아홉 번 찌고 말린다'는 구증구포는 다산의 증배(蒸焙)제다에서 나온 말이지만, 덖음제다에서 이 말을 쓰는 이유는 역시 불기운 조절의 예민함과 중요성을 의미하는 것이라고 할 수 있다.

이에 대해 '초의차' 신봉자라고 할 수 있는 (사)동아시아차문화연구소 박동춘 소장은 "구증구포는 덖음제다법에 맞지 않는다."고 말하고 있다. 따라서 박소장의 말은 반은 맞고 반은 틀리다고 할 수 있다. 박소장은 '구증구포'가 말하는 불기운 조절 중요성의 의미를 모르는 것 같다.

여기서 특별히 유의할 만한 대목이 있다. 『다경』에서 차의 아홉 어려움(九難)을 말할 때의 제다는 주로 떡차를 만드는 증제(蒸製)제다였다. 증제 떡차의 단점을 개선한 제다법이 증배(蒸焙) 잎차 제다이다. 증제는 잎을 쪄서 젖은 잎을 바로 찧어 떡차로 만드는 제다법이고, 증배는 찐 잎을 그대로 말려서 산차(散茶)로 만들거나 찐 잎을 곱게 갈아 '차떡(떡차가 아닌)'으로 만드는 일이다.

증배제다의 결정판이 바로 다산의 구증구포 단차 제다 및 삼증삼쇄 최고급 연고녹차인 '다산차병(茶山茶餅)' 제다이다. 결론은 우주 자연의 활력에너지로서 다신(茶神)인 차의 진향이 가장

잘 보전된 좋은 차는 다산 제다의 구증구포 단차와 삼증삼쇄 다
산차병(차떡)이라는 것이다.

3

전통제다와 전통차문화 진작 및
전승공동체활성화지원사업의 방향에 대하여

최근 한국 전통차문화 및 차산업과 관련하여 두 가지 중요한 법제적 보완이 이루어졌다. 하나는 문화재청이 2016년 전통제다를 '국가무형문화재 제130호'로 지정한 것이고, 둘은 2015년에 제정되어 2016년부터 시행된 '차산업 발전 및 차문화 진흥에 관한 법률'이다. 문화재청의 전통제다 문화재 지정은 전통제다의 문화재적 가치를 진작시키자는 것이고, 차산업 발전·차문화 진흥법 제정은 차와 제다를 농업생산 분야로 인식하여 차와 제다의 생산성과 상업성을 강조하는 데 무게가 주어진 느낌이다.

따라서 각각 이 두 가지 시스템에 따라 정책을 펴는 행정관청(농림축산식품부와 문화재청)이나 정책적 지원을 받고자 하는 제다인 또는 차농가들은 두 시스템의 개념 및 취지와 목적을 잘 이해할 필요가 있다. 그렇지 못할 경우 국가예산의 이중적 낭비를 초래할 수 있고, 오히려 전통제다를 비롯한 전통차문화의 왜곡을 심화시킬 수 있는 여지가 있기 때문이다.

전통 문화재의 기·예능 선양 목적의 문화재청 전통제다 문화재 지정은 그 취지와 목적 및 그에 따른 전승공동체활성화지원사업에 있어서 농림축산식품부가 수행하거나 수행한 상업적 및 산업진흥 목적의 차명인지정제도나 하동차엑스포 지원과 같은 지원제도와 엄격히 구별되어야 한다.

우선 국가무형문화재(제130호 전통제다) 전승공동체활성화지원사업이 '전통제다'를 전제로 한다는 사실을 명확히 해야 한다. 전통제다를 문화재로 지정한 취지와 목적은 예로부터 독창적이고 정통적인 유형으로 이어져 내려오면서 시공을 초월하여 전승적 가치가 있는 제다를 '전통제다'로서 선양하자는 것일 터이다.

그러나 최근 항간에서는 전통제다와 제다 일반을 혼동하거나 정체성 불명의 제다를 전통제다로 오인되는 징조가 보인다. 즉 중국 보이차 흉내 내기 청태전이나 뇌원차류 떡차 제다가 유행하고 있고, 차계 한쪽에서 특정인들 명리 추구 목적으로 끈질기게 퍼뜨린 명대(明代) 덖음제다가 한국 전통제다로 오인돼 정설인 양 통용되고 있는 실정이다. 그런 제다가 산업적으로 강조될 필요가 있다면 그것은 농림축산식품가 차산업진흥법에 근거하여 지원할 일이다.

전통성(또는 정통성)과 산업성(또는 상업성)은 배치되는 경향이 있다. 위에 말한 명대 덖음제다와 떡차류 제다가 한국 전통제다인 다산의 증배제다와 전통녹차문화를 밀어내고 있는 현상에서 그것을 볼 수 있다. 아류인 명대 초배법이 한국 전통제다의 주류인 양 오도되고 있는 실정에서 문화재청이 진정한 전통제다의 보호와 진작을 위해 전통제다 전승공동체활성화지원사업에서 전통과 아류, 진짜 전통제다와 명대 덖음제다, 차의 문화적·정신적 본질을 추구하는 순수 전통제다와 정체성 없는 산업적 현대제다를 엄밀히 구별할 필요가 있다.

더 실제적인 문제로 들어가서 (사)남도정통제다·다도보존연구소가 수행하고 있는 무형문화재 전승공동체활성화지원사업의 경험에 근거하여 말해 보겠다. 무엇보다 '전승공동체활성화지원사업'이라는 명칭의 의미에 충실할 필요가 있다.

예컨대 '전승공동체'가 전통제다의 정체성을 제대로 숙지하여 전승 활동을 하고 있는지, 그에 걸맞은 순수 전통야생다원 등 전통제다의 기본 인프라를 확보하고 있는지, 전통제다에 따른 차별성 있는 품질의 차를 제다하여 대중의 전통적 차생활, 즉 수양다도를 위한 차를 제공할 수 있는지, 그러기 위해 전통제다와 수양론적 다도의 연결 기제(원리)를 알고 제다와 다도 교육에 반영·실천하고 있는지, 진정성 있는 노력에도 불구하고 자생력이 약하여 계속 지원의 필요가 있는지 여부를 엄밀히 파악하여야 한다.

앞으로 이 전승공동체활성화지원사업에 수많은 제다업체 및 제다농가들이 응모할 것으로 예상되어 진위 판별이 어려워질 수 있다. 그중에는 이미 든든한 자생력을 갖추고서도 지원사업 응모 노하우를 터득하여 탁월한 페이퍼워크 기능을 발휘할 전승공동체나 제다업체가 있을 수 있다. 또는 상업적 제다관광업체로서 튼튼한 재력을 통해 형성한 '차 네트워킹'을 활용한 인력 동원과 물량 공세를 내세우는 이른바 '전승공동체'가 있을 수 있다. 그러나 전통제다와 전통차문화의 진정한 이해와 확산은 인위적이고 공학적인 인력 동원과 물량 공세보다는 전통제다와 전통차문화의 본질을 얼마나 설득력 있게 논리적으로 대중에게 전달하여 공감을 불러일으키느냐에 달려 있다고 할 수 있다.

한국 차계와 차학계, 차 행정당국은 2023년 봄에 열렸던 하동세계차엑스포나 매년 열리는 보성 차엑스포와 같은 물량 공세와 인력 동원 위주 대형 차행사의 연례적 열림에도 불구하고 한국 전통차문화와 차산업이 침체를 면치 못하고 있는 실정에서 경고음을 감지해야 한다. 즉, 전승공동체활성화지원사업은 인력 동원과 물량 공세라는 인위적 공학적 조작보다는 전통제다의 본질과 정체성을 파악하거나 정립하려는 학문적 순수성과 진정성에 우선적 가치를 둬야 한다는 것이다.

또 하나 중요한 사실은, 문화재청의 전통제다 문화재 지정에서는 기예능 보유자(개인 또는 단체)를 인정하여 선정하지 않는다는 것이다. 이는 농림축산식품부의 전통식품명인지정제도로써 운영되는 차명인 지정이 그동안 차명인으로 지정된 특정인들의 개인적인 명리 추구에만 이용되는 악폐를 생각할 때 적절한 조처라고 생각된다.

문화재청은 전승공동체활성화지원사업의 취지와 목적을 기·예능보유자 지정을 하지 않는 문화재 종목에 제한하고 있다. 따라서 전승공동체활성화지원사업 대상을 복수로 할 수 있다. 여기서 주의할 것은 여러 단체들의 응모가 쇄도할 경우 사업 취지에 입각한 선정 기준을 명확히 해야 한다는 점이다.

전승공동체활성화지원사업이 기·예능보유자를 인정하지 않는 대신 그 보완책으로 실시되는 만큼, 어디까지나 응모단체들이 전통제다의 기·예능과 관련하여 전통의 전승이라는 측면에서 학술적으로 뒷받침될 만한 정통성과 순수성을 확보하고 있느냐에 초점을 두어야 한다. 그래야만 현재 혼재·난립돼 정체성 혼돈을 겪고 있는 전통제다의 진위를 가려내서 전통제다의 정체성을 확립시키고 이를 발판으로 전통차문화를 진흥시켜서 차산업의 부흥으로까지 그 효과를 확산시킬 수 있다.

현재 한국 제다분야(제다업체와 단체, 차농가)에는 전통제다에 대한 왜곡된 주장들이 통용되고 있다. 전통제다의 맥을 잇고 있다고 자처하는 개인이나 제다업체 또는 '전통차문화원'들 중에도 이런 전통제다의 난맥상에 오히려 편승하여 상업적 제다에 치중하면서 비대한 자생력을 갖춘 곳이 많다. 따라서 전승공동체활성화지원사업 대상 선정에서는 이런 실정을 감안하여 전통제다 정체성 구현을 위한 본질적이고 학구적 노력보다는 상업성으로써 확보한 재력과 네트워크를 활용해 대규모 인력 동원과 물량 공세를 앞세운 단체들의 화려한 홍보 전략을 경계할 필요가 있다.

4

강진 이한영전통차문화원의
무형문화재 전승공동체활성화지원사업
심포지엄(「월출산 차문화 천년의 역사」)을 보고

2023년 9월 1일, 강진 월출산 전남교통연수원에서 위 제목으로 월출산과 차의 관계에 대한 심포지엄이 열렸다. 이 모임은 이한영전통차문화원(원장 이현정)이 문화재청으로부터 사업비를 지원받는 무형문화재 전승공동체활성화지원사업 행사의 일환으로, 같은 목적으로 뒤이은 서양음악회 〈茶정한 밤〉과 함께 열린 것이었다.

나는 이 행사가 지원사업 항목 꾸리기에 초점을 둔 요식행위 성격을 띨 것 같고, 또 전문분야가 전통차문화의 본질 탐구와 거리가 먼 발표자들 면면으로 보아 본격적인 차문화학술대회일 것이라는 기대를 갖지는 않았다. 다만 내가 대표로 있는 ㈜남도정통제다ㆍ다도보존연구소가 산절로야생다원의 전통 전승적 인프라 가치와 한국수양다도 교육의 전통차문화에 대한 본질적 가치를 인정받아서인지, 일차적으로 위 사업시행 단체로 선정되어 마침 올해 사업인 〈茶山의 茶庭 茶感〉을 통해 다산의 구증구포 및 삼증삼쇄 증배제다의 가치 살려 내기 행사에 힘 쏟고 있던 터여서, 이 심포지엄에서 최소한 어떤 형태로나마 다산제다와 다산차에 대한 언급이 있지 않겠나 하는 관심은 있었다.

예상했던 대로 꿩 먹고 알 먹기 하듯 심포지엄장 입구에서 참석자들에게 '출석자 명단'을 쓰도록 했고, 전승공동체 가입원서도 나눠 주었다. 심포지엄은 200여 명의 참석으로 시작되었다. 참석 인원수에 있어서 여느 심포지엄보다 성공적이었다. 주최측의 인원 동원 노하우가 돋보이는 대목이었다. 또 발표문 여러 곳에 '차 네트워킹'이라는 말이 등장하는 것으로 보아 주최측이 '인원 동원'을 중시하고 있음을 짐작케 했다.

그런데 심포지엄이 중간쯤 지나자 빈 좌석이 늘더니 토론 시간에는 반쯤이 가 버린 모습이었다. 어떤 이는 "왜 주제를 월출산과 특정 차(백운옥판차)에 한정시키느냐?"는 질문을 했고, 또 어떤 이는 "맛난 차 만드는 방법은 말하지 않고 모두들 헛소리만 한다."고 푸념하기도 했다. 이는 이 심포지엄의 목적이 순수한 학술심포지엄이 아니라 강진 월출산이라는 지역성을 밑천 삼아 백운옥판차를 만드는 이한영차문화원의 전승공동체 활성화지원사업 수행의 당위성을 확보하는 데 있음을 지적하는 것과 다름없었다. 이런 모습을 보니 전통차문화의 이해 확산은 인원 동원과 같은 인위적이고 공학적인 물량 공세로는 한계가 있거나 오히려 진의를 왜곡시킬 우려가 있겠다는 생각이 들었다.

심포지엄 발표 내용에서도 자료의 나열이라는 양적 풍부함보다는 그런 자료들에서 다산제다와 같은 전통차문화의 참다운 전승가치를 읽어 내는 진정성과 창의적 노력이 절실히 필요해 보였다. 발표 내용의 대부분은 전통제다의 본질에 관한 것이 아니라 '월출산 차문화'의 지역성을 강조하는 것이었다. 예컨대 다산이 왜 녹차제다에 일관한 구증구포 및 삼증삼쇄 증배제다를 창안했으며, 그것이 오늘날 한국 전통차문화 위기 상황 돌파에 주는 메시지가 무엇인지를 다뤘더라면 좋았을 것이다.

발표 내용에서 계속 아쉬운 여운으로 남는 것은 다산이 청태전류의 폐기된 당나라적 떡차를 만들었다고 착각하는 것이었다. 이는 다산이 이시헌에 보낸 연고녹차 제다 지시 편지에서 일관되게 '차떡(茶餅)'이라는 말을 하고 있는데도 이를 병차 또는 떡차라고 관성적으로 오역하고 있는 탓이다.

또 토론문에서는 한국연구재단의 지원사업 '전통제다 기록화' 사업을 하고 있는 순천대 지리산권문화연구원 김대호 연구원이 강진차와 강진 청자를 연계해서 부각시키자는 주장을 했는데, 이는 차문화사와 연계돼 병존 발전하는 도예문화사에 대한 몰

이해가 빚는 난센스이자 참사라고 할 수 있다.

청자다기는 당나라 때 운반 및 보관 편의상 떡차 형태로 만든 녹차가 건조 미흡으로 산화변질돼 황적갈색 차탕이 돼 버린 것을 녹색 차탕에 가깝게 보이도록 하기 위해 썼던 것이다. 오늘날 좋은 연녹탕색의 강진 다산차를 신선한 연녹탕색 그대로 드러내 주는 백자다기를 놔두고 강진 청자다기에 마신다면, 강진 청자와 강진 다산차를 둘 다 죽이는 무지의 폭력이라고 할 수 있다. 허튼 전문가의 이름으로 강진군과 같은 차산지 지자체 행정관청에 잘못된 차행정과 지원책을 강구하는 일의 허구성과 위험성을 이번 심포지엄에서도 절감하게 해 주는 대목이었다.

이쪽(전남) 차학계에서 이처럼 학술적 논리와 학자적 양심에 어긋나는 주장으로써 행정관청을 현혹하여 황금 같은 국민혈세인 지자체 예산을 탕진하게 하는 사례가 끊이지 않고 있다. 이런 맥락에서 이미 이뤄진 이른바 청태전과 뇌원차 '복원' 사업도 대대적인 심포지엄을 열어 재평가할 필요가 있다. 이는 두 사업을 주도했던 당시 목포대대학원 차 관련 연구소 교수들이 학자적 양심회복 차원에서 시도해 보기를 권한다.

이번 심포지엄에서 내실 있는 내용으로 돋보이는 대목이 있었다. 토론에서 이재연 전남도청 문화자원과 학예연구사가 '생산과 판매보다 제다교육 위주의 문화산업 육성'을 말한 것, 박

종오 남도민속학회장이 차향을 다도와 차문화의 중요 요소로 보고 이를 제다의 관건으로 파악하여 다산의 구증구포–삼증삼쇄 증배제다의 의미 파악을 강조한 것은 이런 차문화 심포지엄의 본질과 방향이 어떠해야 하는지에 대한 경고로 받아들여야 한다.

즉, '월출산 차문화 천년의 역사'처럼 전통과 지역성만 강조하는 것은 '차시배지'라는 하동이나 '뇌원차 발상지'라고 주장하는 보성에서 이미 써먹고 있는 과시적 물량 위주적 상업적 전략이어서 식상할 뿐만 아니라, 다산차라는 탁월한 전통문화의 본질을 다뤄야 하는 학술심포지엄의 제목으로는 특정 의도성만 드러내어 허약해 보인다.

끝으로 강조하고 싶은 것은, 위 문화재청의 지원사업 취지가 그냥 '제다'가 아니라 '전통제다'의 활성화라는 점이다. 문화재청이 2016년 '제다'가 아닌 '전통제다'를 국가무형문화재 제130호로 지정한 데 따른 것이다. 그래서 이번 심포지엄 부제를 '제다 활성화'라 한 것은 잘못이다. 그냥 '제다 활성화'라고만 해 버리면 요즘 유행하는 중국 보이차 흉내 내기 청태전이나 뇌원차와 같은 오도된 차 제다를 활성화하자는 것도 되어, 문화재청의 지원 취지를 무색케 하고, 전통차문화를 왜곡시키는 결과를 낳을 수도 있다.

5

차가 돈인가?
조선시대 중들이 차를 제대로 알았는가?[1]

– 여연 스님의 '월출산 차문화 심포지엄' 발언을 듣고

대형 차행사 독점하는 '차권력카르텔'의 문제

한국 차계에서는 오래전부터 마치 '초의차'가 전통차이고 '초의 제다법'이 한국 전통제다법인 양 주장하는 이들이 목소리를 높여 왔고, 그에 따라 '초의차'론은 한국 차문화와 차산업에 긍정·부정의 지대한 영향을 끼치고 있다. 이른바 그 '초의차 신봉자'들 중에는 승려가 여럿 있고, (사)동아시아차문화연구소 박동춘 소장처럼 승려로부터 '유일하게' 초의다맥을 전수받았다고 자처하는 '보살'도 있다(이하 경칭 생략).

승려 초의차 신봉자들 가운데는 '초의차' 관련 '차명인' 칭호를 얻어 제다업체를 설립하고 초의차 장사를 크게 하는 이도 있고, 개인 절집에서 차를 만들어 팔며 "초의다맥 0대 계승자"라

1　『뉴스 차와문화』 2023년 9월 17일 기사

고 큼직한 간판을 내건 사람도 있고, 피아골 같은 절골 근접한 곳에 솥단지 걸어 놓고 중옷 걸치고 초의 제다법이라 할 수 있는 덖음제다로 차를 만들어 팔며 차중(茶僧) 행세를 하는 사람도 있고, 초의차 관련 학회와 연구소를 만들어 해마다 '세계…' 또는 '국제…'라는 이름이 붙은 대형 차행사를 열어 중국 보이차 선전도 해 주며 차계에 막강한 영향력을 행사하고 있는 승려 등속이 있다.

이들이 초의차 신봉자임을 내세우는 데 유리한 점은 초의와 같은 승려 신분이라는 것이다. 민간인이 중옷 걸치고 덖음차 비슷한 것을 만들어도 일단 그 '유명한' 초의차류를 만드는 것으로 보일 정도이니, 승복 입고 큰 차탁 앞에서, 비록 보이차를 따라 놓았더라도, 목에 힘주고 염주 굴리며 근엄하게 "초의차가 어떻고… 동다송이 저쩌고… 다선일미란…" 운운하면 내용의 옳고 그른 맥락이나 깊이와 무관하게 그럴싸해 보이기 십상이다.

이런 문제를 차치하고, 승려들 가운데 초의차 선양에 공이 큰 자리에 여연이 있다고 생각한다. 또 중복 걸치지 않았지만 중과의 인연과 '초의차'를 강조하며 오늘날 초의차를 '대단한 차'인 양 인식(또는 오인)되게 하는 데 공을 세운 이는 박동춘이다. 두 사람은 최근 거의 동시에 초의의 『동다송』 관련 책을 경쟁하듯

퍼내기도 했다.

위에서 초의차 신봉자들이 한국 차문화 발전에 긍정·부정의 영향을 끼치고 있다고 했는데, 나는 '초의차'를 강조해 온 추세가 한국 차문화의 양상을 뒤틀어 놓는 데 일조하지 않았는지, 그런 역할이 한국 차산업 침체와 어떤 영향 관계에 있지는 않은지 한국 차인 모두가 성찰해 보아야 한다고 생각한다.

한국 차계와 차학계에서는 일찍이 대형 차행사권을 거머쥔 소수의 특정 '차권력카르텔'이 나눠 먹기식으로 차축전과 학술행사를 천편일률적으로 구태의연하게 상업성 편향으로 독점 주도하다시피 하면서 그들의 주장이 정설로 통하고 그에 대한 비판은 발붙일 틈이 없는 철옹벽을 두르고 있다.

나는 이 거대 '차권력'의 횡포에 아무도 문제 제기를 못하고 있는 것이 한국 차문화 왜곡과 차산업 침체를 심화시키는 한 원인이라고 보고, 한국 차문화 발전을 위해 계기가 있을 때마다 비판적 발언을 하고자 한다. 이런 맥락에서 나는 한국 차계에서 막강한 영향력을 행사하고 있는 것처럼 인식되는 여연이 최근 공식석상에서 한 발언을 거론해 보고자 한다.

초의가 그랬듯이, 여연은 오랜 기간 일지암에 기거하며 차를 말했고, 그 일을 인연으로 한 다승으로서 이후에도 강진 백련사 주지를 맡아 차인연을 이어 갔다. 또 차와 관련하여 목포대로부터 명예박사학위도 받았다고 자랑하고, 지금은 큰절 차 관련 직함을 걸치고 있는 것으로 알려졌다. 여연의 두드러진 차 행적은 그가 오랜 기간 대형 차행사를 운영하고 있는 것이다. 그는 자신이 운영하는 차행사 외에도 대형 찻자리들에 주빈으로 초대돼 '다담'이나 축사를 부탁받는 등 융숭한 대우를 받곤 한다.

여연은 앞에 말한 강진 이한영전통차문화원이 무형문화재 전승공동체활성화지원사업 수행의 일환으로 연 심포지엄 〈월출산 차문화 천년의 역사〉에 초대돼 "대종사"로 소개받아 오른 단상에서 축사 겸 다담(茶談) 부탁을 받고 "차는 돈이 되어야!"라고 일갈하였다. 그는 또 심포지엄 토론 자리에서 "조선시대 양반들이 차를 우릴지 몰라서 다동들이 했다. 스님들은 (차를 잘 알아서)…"이라는 취지의 발언을 했다. 나는 그가 몇 해 전 순천만정원에서 열린 한 차행사장 단상에서 "내가 ㅎ○○ 의원을 만나 (공공 차행사를 위해?) ○억 원을 확보해 놓고 왔다."고 자랑삼아 한 말을 기억하고 있다.

그의 이런 언행을 요약하면 차로써 돈벌이하는 것이 중요하며, 조선시대에 양반들은 차를 잘 모르고 중들이 차를 잘했으며, 그 연장선상에서 지금도 중들이나 불가가 차문화의 중심이거나 그래야 한다고 주장하는 것으로 들린다. 다승으로서 '차에 관한 거룩한 말씀'이어야 할 축사 다담에서 차와 돈을 결부시키는 인식의 틀, 그가 대형 차행사를 주도하고 있고 그런 차행사장들이 중국 보이차 선전장이 되는 측면이 있다는 사실, 중옷 입고 고가의 'ㅇ향차'를 파는 이름 모를 차장사꾼들이 요즘 유독 눈에 띄는 현상 등을 연계하여 내가 받은 인상을 간추리자면 어떤 그림이 나올까?

여연의 이런 발언은 그가 고명한 다승(茶僧)으로 인식돼 차계에서 차지하는 무게로 보아 차에 관한 정설로 받아들여져서 불자와 대중의 차 인식에 큰 영향을 끼칠 수 있다. 그런 우려에서 나는 아래와 같이 여연의 발언을 비판하고자 한다.

'차=돈'이 '다선일미' 정신일까?

돈벌이가 목적인 차상인이라면 몰라도, 모름지기 존경받는 다승이라면 차문화학술심포지엄이라는 자리에서 저런 말을 하는 것은 그 자리에 참석한 차인, 차학인, 다선일미의 정신으로 차를 하는 불자, 일반인들이 기대했을 만한 모습은 아니라고 생각한다. 차문화학술심포지엄 축사가 차를 돈벌이 수단으로 활용할 방안을 학술적·문화적으로 찾아보라는 것으로 들리니 말이다. 그 자리에 온 사람들뿐만 아니라, 차생활을 하고자 하는 일반인, 차모임을 하는 차인, 수제차 제다농가, 차공부를 하는 학생들, 그리고 당장은 차에 관심이 없지만 미래 차소비자가 될 만한 사람들까지도 차로써 이름 높은 승려나 차명망가들로부터 가장 듣고 싶은 이야기는 '왜 차를 마셔야 하는가?', '어떤 차가 좋은 차이며 그런 차는 어떻게 만들어야 하는가?', '진정한 다도가 무엇이며 차생활을 어떻게 하는 게 바람직한가?' 등일 것이다.

이런 질문에 누구라도 "차는 곧 돈이다. 차는 돈을 벌기 위해 마신다. 돈 버는 데 목적을 두고 차를 만들어야 한다. 다도는 차로써 돈을 추구하는 일이다. 차를 돈과 결부시켜 생각하며 차생활을 해라." 이렇게 말할 수는 없지 않은가? 물욕·금전욕을 포함한 오욕칠정을 다 버리고 참 진리를 찾아 수행·정진하는 승려의 본분에 걸맞게 여연이 '다선일미'의 참뜻을 차문화학술심포지엄 축하 다담으로 말했더라면 좋았을 것이다.

차농가들의 수익성을 고려해 돈 얘기를 한다고 할지라도 소비자에게 차의 본질을 이해시켜서 바른 차생활을 통한 차소비 진작을 기하도록 하는 게 차인으로서 올바른 길이 아닐까? 그렇지 않고 선승 초의를 다승으로 부각시키고 그것에 의존하여 명나라 제다법을 초의제다법이자 한국 전통제다법으로 위장시키는 변칙적이고 공학적인 방법으로 '초의차'를 강조한 것이 오늘날 한국 전통차문화와 차산업에 어떤 영향을 끼쳤는지를 성찰해 봐야 한다는 의미로 앞에 말한 바 있다.

초의 왈 "총림에 조주풍은 있으나 다도(茶道)를 모른다"

여연이 그 자리에서 한 "조선시대 양반들이 차를 우릴지 몰라서 다동(茶童)들이 했다. 스님들은 차를 (잘 알아서)…"이란 말도 비판의 여지가 많다. 우선 그는 차문화사적 사실을 잘 모르거나 착각하고 있는 것 같다. 조선시대에 간혹 들에서 차 마시는 그림에 다동이 차부뚜막에 불을 지피고 있는 광경이 있다. 다동이 물과 불 심부름을 했을망정 차를 우린 것은 아닐 터이다.

조선시대 차문화를 주도한 층은 김시습에서 다산에 이르기까지 유·불·선(도)을 섭렵한 선비 그룹이고, 그들이 남긴 차시를 보면 직접 차를 기르고 제다해서 우리고 마시는 흥취나 그렇게 해서 이르는 득도의 정경을 그린 것이 대부분이다.

여연은 '초의차'를 강조하는 입장에서 고려·조선시대 불가 차문화의 역할과 그것이 지금까지 이어지고 있다고 '정통성'을 주장하고 싶었는지 모르지만, 조선시대 중들이 차를 잘 알았다거나 불교가 차문화의 중심이었다고 생각하는 것은 사실과 거리가 있는 억측이거나 왜곡이라고 생각한다. 초의차 신봉자들의 '차문화 불교중심설'을 반증(반대를 입증)하는 단적인 물증이 초의의『다신전』발문이다.

초의는 명나라 장원이 쓴『다록』의 주요 내용을 '다경채요'라는 이름으로『만보전서』에 옮겨 놓은 대목을 그대로 베껴『다신전』을 쓰면서, 그렇게 하는 이유를 발문에 "총림(큰 절간)에 조주풍(차를 마시는 풍조)이 있으나 다도(『다신전』에 나오는 차를 만들고 저장하고 우리는 일)를 모른다. 그러니 감히 두려움을 무릅쓰고 (만보전서 다록 부분을) 베껴 옮겨 다신전을 쓴다."고 하였다. 중들이 제다(製茶)·장다(藏茶)·포다(泡茶)를 모르므로 명나라 제다법·장다법·포다법을 소개하는『다신전』을 써서 가르쳐 주겠다는 것이다.

초의의 덖음차가 한국 전통차? '한국 차문화 중흥조'는 다산!

명나라 제다법을 베낀『다신전』을 기반으로 하는 '초의제다법'과 '초의차'가 한국 전통제다법이거나 전통차가 아니라는 사실을 더 길게 말할 필요가 없다. 또한 특정 주체가 '한국 차문화의 중심'이라거나 "고려시대에 차문화가 성했고 조선시대에는 차문화가 쇠퇴한 것을 초의가 중흥시켰다."는 일부 초의차 신봉자들의 주장도 사실 왜곡에 가깝다.

고려시대에는 연등회·팔관회 등 일부 제천행사에 차를 썼고, 다시(茶時) 등 궁중의 차행사 제도가 있었으며, 대차와 뇌원차 등 차 이름이 등장한다. 그러나 차문화의 핵심인 제다나 중요한 찻일에 관한 상세한 기록은 전무하다. 반면 조선시대에는 다양한 제다와 수양다도론 등 차 관련 자료를 집대성한『다부』, 『부풍향차보』,『동다기』,『각다고』,『동다송』 등 현존하는 모든 고전 다서들이 저술되었다. 이 다서들은『동다송』을 제외하고는 모두 유가 선비들이 저술한 것이다.

또 다산은 다서 저술 외에도『부풍향차보』와『동다기』 등에 전래된 생배(生焙) 및 증배(蒸焙) 제다를 더욱 정교하게 발전시켜 중국이나 일본에 없는 독창적인 구증구포 단차 및 삼증삼쇄 차떡 제다를 완성함으로써 한국 차문화사상 전무후무한 금자탑을 쌓아 올렸다. 제다뿐만 아니라 다산은 제자들에게 '차정신'을 강조한 수양다도를 실천하게 했다.

「다신계절목」'약조'에 일 년에 두 번, 청명이나 한식날과, 국화가 필 때 계원들은 다산에 모여서 모임을 행하며 운자(韻字)를 내어 부나 시를 지어 연명으로 적어 유산(정학연)에게 보내는 일을 해야 하며, 곡우 날 어린 찻잎을 따서 은근한 불에 말려 잎차 한 근을 만들고, 입하 전에 늦차를 따서 떡차 두 근을 만들어 시로 쓴 편지와 함께 부치기로 되어 있다.

여기서 한 해 세 절기(한식, 청명, 국화 필 무렵)에 시를 지어 보내고 또 시와 차를 함께 부치도록 한 것은 절기의 순환과 시가 갖는 덕성, 즉 성실함(誠) 곧 신(信)을 체득하도록 한 수양의 과정이라고 할 수 있다. 다산에게서 공부한 초의는 추사의 동생 산천 김명희에게 보낸 차시 「산천도인사차지작」에서 "古來聖賢俱愛茶 / 茶如君子性無邪(예로부터 성현은 모두 차를 좋아했다 / 차는 군자와 같아 성품에 사특邪慝함이 없다)"라 했다. 여기 군자와 차의 성품의 무사(性無邪)함에서 무사(無邪)란 성품이 유가(성리학)의 최고 이념인 '성(誠, 정성스럽다)'하다는 것이다.

조선 전기 한재 이목이 『다부』에서 '오심지차'라는 개념으로써 '수양다도'를 설파한 것과 조선 후기에 이처럼 다산이 「다신계절목」에서 차정신과 그것의 실천을 강조한 것을 보면 조선시대에는 '제다와 다도'라는 진정한 차문화의 구현이 모색되었다고 할 수 있다. 이런 연유로 조선시대에 차문화가 단절되었었다거나 초의가 '한국 차문화의 중흥조'라는 견해는 근거 없는 견강부회라고 할 수 있다.

초의가 조선시대 차문화를 중흥했다는 주장은 초의차 신봉자들이 다산의 차행적을 매장시키고 초의의 역할을 부각시키기 위해 강변하는 것이다. 조선시대에 중흥시켜야 할 정도로 이전의 차문화가 중단된 적이 없고 오히려 다산에 의해 전에 없이 개화되었으며, 이와 함께 고려시대의 특권지배층 중심 차문화가 조선시대에 선비 일반층으로 저변 확대되었고, 다산에게서 차를 배운 초의가 그때까지 다도를 몰랐던 불가에 제다와 포다법 등 명대의 차문화를 끌어와 인식시켜 준 측면도 무시할 수 없다.

특히 특정 종파가 차문화의 중심이라는 말은 한국 차문화의 진면목을 왜곡시킬 수 있는 막연한 주장이라고 생각한다. 조선시대 억불로 불교 차문화가 쇠퇴되었다는 주장은 불교의 경제적 타격과 차문화 쇠퇴를 연계시켜 확대 부각시키는 의미로 받아들여질 수 있다. 이런 시각은 차를 돈으로 계산하거나 불가에서 직접 제다를 하지 않고 차를 사서 썼다는 말과 다름없다. 절에서 차문화의 핵심인 제다를 직접 했다면 불과 몇천 평의 차밭에 대여섯 명의 인력만 있어도 큰절 한 해 차농사는 문제없다는 사실을 전제로 할 때, 조선시대에 억불로 차문화가 쇠퇴했다는 주장은 근거가 약하다. 그것은 불교 승려들 스스로 제다 등 주요 차문화 행위를 하지 않았다는 고백과 같다.

또 오늘날 한국의 전반적인 차문화 행태로써 유추해 보더라도, 예전에 어느 한쪽이 '차문화의 중심' 역할을 하기나 했었는지 의문을 갖게 한다. 일찍이 초의가 다도를 모른다고 걱정했던 불가 총림을 비롯한 이른바 차문화 명소들에 커피 자판기가 들어가 있는 데가 많고, 끽다거 화두를 발한 조주스님 초상 밑에서 전통 녹차보다는 원두커피나 보이차 얻어 마시기가 쉽다. 특히 여연과 같은 고명한 다승이 차문화학술심포지엄이라는 공식 차행사 석상에서 차를 돈과 결부시키는 발언을 하는 것과 '불교가 차문화 중심'이라는 주장의 맥락을 상호 연계시키기는 끔찍하다는 생각이 든다.

6

한국 차학 및 차문화 지체(또는 후진)의
원인을 생각하다

앞에서 오늘날 한국 차와 차산업이 '커피 식민주의 – 보이차 사대주의' 격랑에 밀려 쇠멸 위기에 처해 있음을 여러 사례를 들어 지적한 바 있다. 또 그렇게 된 원인 가운데 가장 큰 탓이 한국 차학계와 차계의 문제의식 부재에 있다고 하였다. 여기서는 이를 한 번 더 확인하는 의미에서 한국 차학 및 차문화의 고질적 병폐들을 지적하는 것으로써 이를 타개할 방향 모색을 제언하고자 한다.

1) 한국 대학(대학원) 차학과 수강과목 구성 및 교수들의 차학·차문화에 대한 전문성 결여의 문제

차는 서양문화 양상과 확연히 차별적인 동양사상(氣學) 기반의 다도라는 독특하고 우월적인 문화양태를 가짐으로써 여느 기호음료와 구별되어 정신음료(심신건강 수양음료)라는 정체성을 갖는다. 또 차가 차학과 차문화라는 학문적·문화적 차원의 영역을 얻게 된 이유도 이러한 차의 정체성에 연유한다. 따라서 차학은 모름지기 차의 문화적 속성과 양상을 대상으로 하는 동양학 쪽의 인문학이어야 하고, 차학의 분석 대상은 일차적으로 차문화의 시작이자 핵심인 제다의 인문학적 측면이어야 한다. 즉 제다에 어떤 동양사상적 사유가 깃들어 있으며, 제다는 다도와 어떤 관계가 있는가, 제다의 목적은 다도에서 어떻게 실현되어야 하는가 등에 학술적 초점을 두는 것이 차학의 정체성이자 차학 연구의 학술적 관심 대상이어야 한다.

그러나 차학과를 두고 있는 한국 대학(또는 대학원)의 차학 수강과목이나 차학과 교수들의 전공 분야를 보면, 위에 말한 차학의 본질이나 정체성이어야 할 내용과는 거리가 멀다. 즉 수강과목들은 주로 서양 이공계 과목들이 많고, 교수들의 전공 분야는 순수 차학 전공자는 거의 없고 중국 문학, 일본 문학, 식품 영양학, 식물학, 심지어 커피학 및 경영학 전공자들도 있다.

반면 문화재청이 국가무형문화제 제130호로 지정한 전통제다 또는 동양사상에 기반한 수양론적 다도를 수강과목으로 설치한 차학과는 찾아보기 어렵다. 이런 현상은 차를 농·공산품 또는 공산품 생산의 원료로 보거나, 차를 산업적 생산의 소재로 삼아 상품성을 띤 서양 자연과학적 탐구 대상으로 보는 경향을 반영하는 것이다.

전형적인 예로써 국립대학인 부산대 산업대학원 차산업·문화전공과정의 수강과목 구성 및 목포대 대학원 국제차문화과학협동과정 교수진의 전공과목을 들여다보자. 두 대학이 각각 대학 홈페이지에 게시한 자료이다. 먼저, 부산대 산업대학원 차산업·문화전공과정의 수강과목(2023년 3월 현재)을 보면 다음과 같다.

차문화사연구, 찻물연구, 차실및정원연구, 차도구학연구, 차와건강연구, 홍차와티블렌딩연구(Ⅰ), 다서화연구, 차산업및마케팅연구, 차유적연구및답사, 차산업문화세미나차철학연구, 특수연구, 홍차와티블렌딩연구(Ⅱ), 동다송연구, 꽃자연구 나식연구, 제다학연구, 차품평연구, 향도연구, 커피학연구, 카페학연구, 한재다부연구(Ⅰ)(Ⅱ), 차와음료연구(Ⅰ)(Ⅱ), 차와환경, 티테라피연구, 차제조설비연구, 논문연구

목포대대학원 국제차문화과학협동과정 교수진 전공과목(2023년 3월 현재)을 살펴보면 다음과 같다.

• 신정호 - 교수(학과장), 문학박사(북경대학교), 중국현대문학,

중국학

- 피경훈 – 부교수, 문학박사(북경대학교), 중국현대문화, 문학
  비평
- 손주연 – 조교수, 문학박사(복단대학교), 중국현당대 문화·문학
- 이경엽 – 교수, 문학박사(전남대학교), 고전문학
- 박찬기 – 교수, 문학박사(동경학예대학교), 일본 근세문학
- 이광복 – 교수, 문학박사(Univ. of Siegen), 독일시, 독일영화
- 박용서 – 교수, 농학박사(전남대학교), 식품의 기능성물질
- 곽정호 – 조교수, 농학박사(일리노이공과대학교), 원예육종학
- 박양균 – 교수, 농학박사(전남대학교), 곡물가공학
- 마승진 – 교수, 이학박사(교토대학교), 기능성식품학
- 김현아 – 교수, 이학박사(서울대학교), 영양학
- 조숙희 – 교수, 간호학박사(전남대학교), 아동간호학
- 이상진 – 교수, 공학박사(연세대학교), 세라믹재료

위 두 자료에서 학과 이름이 각각 차산업문화전공 및 국제차
문화과학협동과정인 것은 차의 산업적 측면을 강조하고 문화적
측면은 부수적인 것으로(부산대 산업대학원 차산업문화전공), 차학
의 범주를 동서양을 포괄한 '국제'로 넓혀 서양의 자연과학과 연
계하여 차 관련 협동 분야를 모색하겠다(목포대 대학원 국제차문화
과학협동과정)는 의지로 읽힌다.

실제로 목포대 대학원이 산하에 '국제차문화산업연구소'를 두고 2022년 논란의 여지를 남긴 '보성뇌원차' 복원(?) 연구용역을 수행한 것은 한국 대학 차 관련 학과들의 학과 설치 목적 및 수강과목 구성 내력의 일면을 짐작하게 해 준다. 특히 목포대대학원 국제차문화과학협동과정 교수진 모두의 전공이 전통제다나 수양다도와 거리가 멀다는 사실은 한국 차학 및 대학 차학과의 강의가 얼마나 차의 본연 또는 본질과 동떨어져 있는지를 말해 준다고 할 수 있다.

2) 빈번한 차 학술대회,
'학술' 이름의 집단이기주의 옹호 잔치판
― '월출산 차문화 천년…'·'조계신 천년의 차…'를 보고

'학술' 탈 쓴 집단이기주의 옹호 카르텔, 그들만의 연회장

최근 전라남도 차산지에서 민간차사업체가 사업 목적을 위해 여는 차 관련 심포지엄이나 행사에 국립대 산하 연구원과 소속 연구 멤버, 교수가 공동 주관과 발표자로 중복 참여하거나 토론 좌장을 맡고, 전남도 학예연구사, 문화재청 문화재 감정위원 등 문화 분야 공직자들이 발표자와 토론자로 참여하여 주관

단체의 사업 목적 옹호 논리 제공에 앞장서고 있다.

　이런 행사들은 대학 연구소와 교수 및 문화전문가들 직함을 동원하여 '학술' 이미지를 걸쳤을 뿐, 기획자와 발표자들이 객관적이고 학구적인 자세로 한국 차와 차문화가 당면한 학술적 과제 해결에 충실하기보다는 행사 주관 민간사업체의 사업 목적 달성에 필요한 논리 제공에 '교수'라는 직함 또는 문화재 분야 직위가 사용(私用)돼 결국 한국 차문화 발전에 장애 요인으로 작용할 수 있다는 데서 문제가 제기된다.

　최근 열린 두 차 관련 행사의 제목 및 주제 발표와 토론 내용을 보면 순수 학술행사라고 할 수 없는 기획 의도, 그것을 충족시키기 위한 논리적 견강부회와 자료 나열 수준 발표문 등 학구적 방향 감각의 혼돈 상태를 드러내고 있다. 이런 행사는 주로 국비 지원 또는 문화적 특권 수혜 획득에 숨은 목적으로 두고 있고, 기획 의도와 내용은 "한국 차학과 차문화를 지체 또는 후퇴시키고 있다."는 평가를 받을 수 있는 것이나, 차계나 차학계에 비판·평가·견제 시스템이 마련돼 있지 않아서 관행적으로 되풀이되고 있는 악폐라는 점에서 심각성이 더해진다.

2023년 9월 1일 열린 '무형문화재 전승공동체 활성화지원사업 – 월출산 차문화 천년의 역사'(이한영전통차문화원 주관)와 10월 7일 열린 '국가중요농업유산과 무형문화재 지정을 위한 대각국사와 조계산의 차 역사문화 학술대회—조계산 천년의 차를 다시 깨우다'(고려천태국제선차보존회 · 순천대 지리산권문화연구원 공동주관)는 우선 '월출산 차문화 천년…'과 '조계산 천년의 차…'라는 제목이 거의 같고, 두 행사의 발표자와 토론자가 겹치거나 구성 성격이 같다는 점에서 동일인들에 의해 동일한 의도와 목적으로 기획되었음을 짐작할 수 있다. 그 '기획 의도와 목적'이란 곧 앞에 말한 특정 민간사업체를 통한 국비 지원 또는 공적 수혜 획득을 위한 여론 조성 행사를 '심포지엄' 등 학술행사 이름으로 포장하는 것이다.

순천대 지리산권문화연구원 연구직을 겸직하고 있는 김대호 씨(한국문화산업개발원장)와 성균관대유학대학원 생활예절 · 다도학과 김세리 교수는 위의 두 심포지엄에 각각 발표자와 토론자로 자리바꿈하여 나왔다. 또 마승진 목포대 대학원 국제차문화과학협동과정 교수는 '월출산 차문화 천년…'의 토론 좌장을 맡았고, 문화재감정위원(문화재청)과 전라남도 문화예술학예연구사 두 사람도 각각 공직의 이름을 걸고 '조계산…'과 '월출산…'에 발표자와 토론자로 참여하였다.

'월출산 차문화 천년의 역사'는 차의 관광상품화 목적 사업체인 이한영전통차문화원이 문화재청의 '전승공동체 활성화지원사업' 지원금을 받기 위해 연 것이다. 이 심포지엄에서는 월출산이라는 지역성을 강조하여 월출산차의 관광상품화 차별성을 기하자는 주장과 함께 강진 청자를 차와 연계시켜 상품화하자는 주장이 나왔다. 이는 "문화재인 제다와 차를 관광상품화하여 오로지 돈벌이 수단으로 삼는 데 골몰한다."는 우려와 함께 차학 이론과 차문화의 시대적 흐름에 역행하는 견강부회적 주장(강진 청자와 차의 연합상품화)이라는 비판의 여지를 남겼다.

'조계산 천년의 차…'는 선전포스터에 민간 차문화사업체인 고려천태국제선차보존회와 국립대인 순천대의 지리산권문화연구원이 공동 주관한다고 알렸다. 고려천태국제선차보존회는 국비지원사업을 많이 하고 있고, 이 단체 대표 ㅈ아무개 씨는 '덖음차' 제다에서 증배제다법인 '구증구포'를 주장하여 차학의 제다이론에 배치된다는 지적을 받고 있다. 여기에 국립대인 순천대 산하 지리산권문화연구원이 공동 주관하여 무게를 실어주고 있는 장면은 차학으로써 한국 차와 차문화의 정체성과 본질 추구를 사명으로 해야 하는 대학의 학구적 면모를 생각할 때 부적절하다.

지리산권문화연구원은 현재 6년간 18억 원 국비 지원의 '전통제다 DB화 작업' 프로젝트를 수행하고 있다. 이러한 지리산권문화연구원이 이 행사를 '구증구포 덖음차' 주장으로 학술적 제다이론과 배치되는 주장을 하고 있는 이가 대표하는 특정 민간사업체와 공동주관했다는 사실은 '구증구포 덖음차' 주장 지지와 동시에 '전통제다 DB화 작업'의 학술적 허술함을 드러낸 일이라는 지적이 따를 수 있다.

민간사업체 이익 옹호에 국립대 연구원 이름, 학계·문화계 직위 사용(私用)?

이 행사 발표자로 참가한 순천대 지리산권문화연구원 소속 김대호 씨(한국문화산업개발원장)는 '월출산 차문화 천년…'에도 토론자로 참여하여 '강진 청자와 차의 연합 상품화' 주장을 한 바 있고, 이 행사('조계산 천년의…')에서는 '조계산권 차 역사문화 고찰과 무형문화재 제나 세도 개선'을 발표하였다. 김 씨가 말하는 '무형문화재 제다'란 문화재청이 국가무형문화재 제130호로 지정한 '전통제다'를 말하는 것으로 보인다. 김 씨는 '전통제다'가 아닌 일반 '제다'가 무형문화재로 지정된 것으로 착각하고 있는 것 같다.

또는 '덖음차 구증구포'를 주장하는 이의 단체와 김 씨가 소속된 순천대 연구원 이름으로 공동주관하는 행사이기에 의도적으로 '전통'이라는 말을 감춘 것이라면 '덖음차 구증구포' 제다 등 논란의 여지가 있는 제다의 혼란 양상을 무분별하게 DB화하면서 이런 제다를 무형문화재로 지정하도록 여론을 조성하는 데 목적을 두고 있을 개연성이 있다. 즉, 김 씨의 "무형문화재 제다 제도개선…"이라는 주장은 현재 문화재청이 "남도에 다양한 제다 양상이 공존하므로 전통제다의 기·예능보유자 또는 보유단체를 지정하지 않도록 한" 방침을 겨냥한 것으로 보인다.

문화재청은 차명인 지정이나 인간문화재(문화재기·예능보유자) 지정이 특정인 또는 특정 단체의 명리 추구에 기여하는 것 외에 오히려 해당 분야의 발전이나 전승에 혼선과 해악을 초래한 악선례를 거울삼아 전통제다의 기·예능보유자나 보유단체 지정을 하지 않기로 한 것으로 판단된다. 그러나 차계 한쪽에서는 'ㅊㅇ차' 분야의 특정인 전통제다 인간문화재(기·예능보유자) 지정을 주장하거나, "도 지정 인간문화재 지정을 위해 제다를 (전라남도)도지정문화재로 지정하자."는 편법적 발상을 음모하는 경향이 보이고 있다.

특히 이 행사를 연 목적과 관련하여 의혹의 눈길을 끄는 것은, 최근 '전통제다 DB화 작업' 용역 수입과 더불어 지리산권문화연구원에 취업한 김대호 씨가 대표로 있는 '한국문화산업개발원'이 이 행사의 상위 개념 행사라고 할 수 있는 '조계산 천년의 차를 다시 깨우다 – 국가중요농업유산과 무형문화재 지정을 위한 제5회 순천야생차문화산업전'을 고려천태국제선차보존회와 공동주관하면서(포스터 사진) 그 하부 개념 격인 이 행사(국가 중요농업유산과 무형문화재 지정을 위한 대각국사와 조계산의 차 역사문화 학술대회-조계산 천년의 차를 다시 깨우다)에 김 씨가 소속된 순천대 지리산권문화연구원 이름이 공동 주관자로 들어간 점이다.

즉, 김 씨의 '한국문화산업개발원'이라는 단체(또는 원장인 김 씨)가 이런 행사의 기획을 주도하면서 차의 문화적 정체성 규명보다는 차를 상품화하고 있는 데 전념하고, 이를 합리화하기 위해 김 씨가 겸업하고 있는 순천대 산하 연구원 이름 및 관련 학계와 문화계 인사들의 직위와 직책을 동원하고 있지 않은가 하는 점이다.

이런 흐름에서 볼 때, 국립대인 순천대의 지리산권문화연구원이 특정 민간차사업체와 '조계산 천년의 차를 다시 깨우다'라는 특정 목적의 '학술'행사를 공동 주관한 것은 무엇보다 순수 학구적 자세를 보여야 할 국립대 연구기관으로서 적절해 보이지 않는다. 특히 대규모 국비사업인 '전통제다 DB화 작업' 프로젝트를 수행하는 이 연구원 소속 연구교수가 이 행사에서 '조계산권 차 역사문화 고찰과 무형문화재 제다 제도 개선'이라는 주제 발표자로 나서고 '월출산…'에 토론자로 등장하는 등 '학술적 분위기'로 포장된 특정 차사업체들의 사업 이익 추구 차행사에 선동적으로 모습을 드러내는 것은 여러 오해와 의혹의 씨앗을 남길 수 있다. 국립대 또는 국립대 부설 연구원의 이름을 차문화의 본질보다는 상업성을 추구하는 특정 민간사업체의 이익 옹호에 동원하여 사용(私用)하고 있다는 지적을 받을 수 있기 때문이다.

학술적 근거 없는 견강부회로 민간사업체 이익 옹호

김대호 연구교수는 이번 발표문에서 일본 녹차의 손유념 제다기술 및 고성 오광대놀이의 기·예능보유자 지정을 사례로 들어 제다를 분야별로 세분하여 각각 문화재(또는 기·예능보유자) 지정할 것을 주장하였다. 그는 문화재청이 제다 기·예능보유자 지정을 하지 않기로 한 것은 한국 전통 차문화와 제다 역사의 주체적 발전과정과 특이성을 연두에 두지 않은 방어적 결정이라고 주장하고, "농림부는 차산업 발전 및 차문화 진흥법을 통해 '한국 명품차의 세계화'를 내걸었으나 한류 열풍 속에서도 한국 차와 문화는 세계 시장에서 존재감을 드러내지 못하고 있다."고 주장했다.

김대호 씨의 이와 같은 주장은 신뢰할 만한 학술적 근거와는 무관한 자의적 전제에 불과하다. "한국 전통 차문화와 제다 역사에 주체적 발전 과정과 특이성이 있는 것"인 양 막연히 전제한 견강부회로써 제다 기·예능보유자 지정을 주장하는 것은 오로지 특정 민간차사업체(또는 개인)의 이익 수호에 앞장서고자 한다는 인상을 준다. 즉, 한국 차문화사를 면밀히 들여다보면 다산의 구증구포 단차 제다 및 삼증삼쇄 연고 녹차 제다 외에 '남도에 공존하는 다양한 제다 양상' 중에 일본 녹차의 손유념이나 고성 오광대놀이처럼 '주체적 발전' 또는 '특이성'이라는 말을 붙일 만한 대목을 발견할 수 없다.

또 김대호 씨가 농림부의 차산업 발전 관련법에 따른 '한국 명품차의 세계화' 및 "한국 차의 세계시장에서의 존재감"을 말하는 것은 문화재청이 제다를 문화재로 인식하는 수준 높은 차원과 달리 농림축산식품부가 제다를 단순히 농업생산기술로 다루는 것과 궤를 같이하는 것으로서, 제다와 차에 대한 천박한 상업적 인식과 차의 문화·학술적 정체성 사이의 '인지부조화'에서 헤어나지 못하고 있음을 보여 준다.

한국 차문화 본질 몰인식과 전승가치 망각

여기서 발견되는 문제는 한국연구재단 지원의 대형 국비 연구프로젝트인 순천대 지리산권문화연구원의 '전통제다 DB화 작업'을 수행하고 있는 주요 연구자가, 전통제다의 정체성 및 차문화의 본질과 전승 가치를 제대로 인식하지 못하고 차를 단순히 한류풍의 국제시장 경쟁 상품 또는 상업 거래를 위한 농산품으로 생각하여 기·예능보유자(보유단체) 지정을 목표로 제다의 중복적 문화재 지정이라는 무리한 주장을 하고 있다는 것이다.

공급지원을 받는 같은 주제의 두 가지 차행사 공동주관으로 민간차사업체 이름(고려천태국제선차보존회) 옆에 순천대 지리산권문화연구원(왼쪽) 및 한국문화산업개발원(오른쪽)을 붙이고 있다. '순천야생치문화산업전' 명칭도 김대호 씨가 원장으로 있는 '한국문화산업개발원'과 연계시켰다.

만일 '전통제다 DB화 작업'이 이처럼 전통제다에 대한 오도되고 편향된 시각과 천박한 전문성 위에서 수행될 경우, 그렇게 해서 구축된 '전통제다' 관련 자료가 과연 한국 전통제다와 차문화 발전에 기여할지, 장애물이나 국세 낭비물이 되지는 않을지, 한국연구재단과 이 프로젝트 책임자는 물론 국비 조달 세금을 내는 국민이자 차인으로서 전통제다와 차문화의 진정한 발전을 바라는 이라면 모두 함께 걱정해야 할 일이다.

7

강진 차문화학술대회,
바람직한 방향 모색 절실

2023년 11월 3일, 강진읍에 있는 강진아트홀에서 연례 강진 차문화학술대회가 7회째 열렸다. 강진군이 예산 지원하고 강진 군다인연합회, 강진문화원, 강진신문이 공동주관하였다. 이 모임은 비록 지역행사이지만 유일하게 7회째나 장기간 부단히 열리는 연례 차학술행사라는 점에서 의의가 크다고 할 수 있다. 강진군과 강진 차인들이 다산 정약용의 다산제다 유적지로서의 강진의 의미를 부각시켜 한국 전통차와 차문화의 정체성을 되살리고자 하는 의지가 그만큼 강하다는 사실을 알 수 있다.

그러나 이번 7회 대회 주제발표 내용과 토론 등에 있어서 차학술모임으로서는 간과할 수 없는 문제들이 드러났다. 이는 지속가능한 대회 운영을 위해서는 방향 전환 모색이 필요하다는 경고등이라고 할 수 있다.

첫째, 이번 대회 제1 주제는 '강진 차문화의 원형연구'(다유락

차문화원 박희준 원장 발표)였다. 이는 전년도인 6회 대회의 '한국 전통차의 원형으로서 강진 다산차의 정체성 및 계승 방안 연구'와 겹치는 것이다. 대회 조직 및 운영이 연속성과 정밀함을 잃고 있다는 증거이다.

주제발표 내용도 번다한 역사적 사실을 자료로 나열했을 뿐, 그 자료들의 의미를 해석하거나 꿰어 '강진 차문화의 원형'이 구체적으로 어떠한 의미가 있고 그것을 오늘날 어떻게 활용할 것인지에 대한 핵심을 놓치고 있다. 전년도에 이미 언급돼 상술(詳述)된 내용을 다시 주제로 삼다 보니 발표자의 고민한 궤적이 그 정도에 그칠 수밖에 없었을 터이다.

둘째, 제2 주제는 '다산정차 제다법의 원형연구'(도여다례원 정영 원장 발표)였다. 주제가 그렇다면 발표문은 서론이나 본론에서 우선 '다산정차'가 무엇인가에 대한 설명이나 이 연구를 하게 된 목적부터 밝히고 들어가는 게 논술의 상식적인 순서일 것이다. 그러나 발표는 서론에서 차 상식에 속하는 단어들의 횡설수설식 나열에 이어 본론에서 난데없이 '채엽'으로 돌진한다. 이 발표 내용에서 드러난 문제는 아래 토론자(유동훈 박사, 목포대 국제차문화 · 산업연구소 연구원)의 논평 요약으로 대신한다.

"첫째 학술대회에 발표하는 글, 즉 논문으로서의 기본적인 형식을 갖추고 있지 않으며, 둘째 이 글에서 인용하고 있는 몇몇 자료들은 문헌 근거가 부족하고, 잘못된 내용을 검증 없이 그대로 인용하고 있으며, 셋째 다산의 제다법에 관한 선행연구의 검토가 부족하다. 이로 인해 이 글에서 발표자의 논지가 선명하고 일관성 있게 드러나질 않아 전체적인 내용을 파악하기 어렵다."

　셋째, 발표자와 '다담'자의 언행에서 드러나는 사적인 인맥관계 강조 및 안하무인식 무례한 태도 등, 공적인 학술행사의 순수성과 품위를 훼손하는 문제이다.

　한 발표자는 발표 말미에서 "제가 강진문화원장님 덕분에 이 자리에 서게 됐다."고 했고, 또 다른 발표자는 발표 서두에서 자신이 오래전 강진 다방에서 디스크자키 했던 일을 길게 말함으로써 강진과의 인연을 강조하고자 했다. 강진 차문화학술대회 발표자와 토론자 구성이 학술적 기준보다는 특정 인맥에 의존하고 있음을 짐작케 하는 대목이다.

　또 '다담' 말씀을 부탁받은 이는, 자신이 이전 한 학술모임에서 다른 이들에게 반말을 일삼고 차를 돈과 연계시킨 발언을 한 것을 한 매체를 통해 글로써 비판한 이를 겨냥하여 "이 지역에서 내가 오랫동안 차를 했는데 그만한 대접도 못 받나? 나에게 그런 말을 하는 것은 예의가 아니다! 입조심해야 한다."고 격한 감정을 드러냄으로써 학술모임의 분위기가 순간 싸늘해졌다.

이상의 문제점들은 강진 차문화학술대회가 한국 유일의 전통 차문화 선양 학술대회로서 지속가능성을 유지하기 위해서는 반드시 짚어 보고 개선 방향 모색에 반면교사로 삼는 것이 바람직하다. 학술적 순수성 및 전통 차문화 탐구의 타당성에 맞는 발표주제 및 발표자 구성을 위해서 말이다. 특히 의례적이고 접대성인 '다담' 순서를 끼워 넣어 비학술적이고 사적인 감정 표출의 장을 열어 줌으로써 강진 차문화학술대회의 품위와 질을 격하시키는 일은 없어야 한다.

이렇게 하여 강진 차문화학술대회가 순수 학술성 및 연속성 있는 주제로써 내실 있는 발표문을 일궈 내 차학계에 가치 있게 쓰일 자료집을 발간하고, 그에 기반한 강진 전통차문화의 원형 발굴이 오늘날 강진 야생차의 품질 향상 및 소득 창출로 연결되게 하는 일이 이 학술대회의 최대 업적이어야 한다.

물아일체의 푸르름, 차밭은 구원이다

조용헌 (동양학자. 건국대 문화콘텐츠학과 석좌교수)

유럽에 와인이 있다면 아시아에는 차(茶)가 있다. 차와 와인
은 양쪽 문명을 대표하는 음료이다. 이 양대 음료에는 기호품
이면서 동시에 기호품을 뛰어넘는 그 어떤 정신이 들어 있다고
할 수 있다. 와인에 플라톤이 말한 이데아(Idea)가 들어 있다고
확실하게 이야기할 수는 없지만, 차(茶)에는 도(道)가 들어 있다
고 확실하게 이야기할 수 있다.

동양에서는 단순히 마시는 음료를 뛰어넘어 차를 다도(茶道),
다예(茶藝)로까지 끌어올려 승화시켰다. 동양은 서양의 와인
을 배우고 있고, 서양은 동양의 차를 귀하게 여겨 일찍이 아편
전쟁까지 일으키지 않았나. 유럽의 귀족이 와인의 재료가 되는
포도밭, 즉 와이너리를 가지고 있는 게 부귀(富貴)의 상징이라
고 한다면 동양에서는 차밭, 즉 다원(茶園)을 하나 가지는 게 식
자층의 소망이었다.

다원 하나 갖는 게 식자층의 소망

차밭은 단순한 밭이 아니다. 밭 중의 최고가 인삼밭이고, 인삼밭보다도 한 수 위가 바로 차밭이 아닌가 싶다. 와인과 차는 여러 면에서 비교 대상이다.

첫째는 산지다. 포도가 어느 지역에서 자란 것인지가 중요하다는 의미다. 와인이 프랑스산인가 칠레산인가 스페인산인가가 중요하듯이 차도 마찬가지로 지역이 중요하다. 어느 산, 어떤 지역에서 나온 찻잎으로 차를 만들었느냐가 중요하다는 의미다. 중국의 경우 원난성의 6대 차산인가 아닌가, 무이산 주변인가 아닌가가 중요하고 한국은 지리산의 하동인가 아닌가, 월출산의 강진인가 섬진강 주변인가가 중요하다.

둘째는 빈티지이다. 몇 연도 산(産)인가를 따지는 것도 와인이나 차나 마찬가지다. 해마다 작황과 기후 조건이 들쑥날쑥해서 그렇다.

세 번째는 누가 만들었는가가 중요하다. 차는 제다(製茶)가 중요하다. 차를 덖고 찌고 긴압(緊壓·압력을 가해 찻잎을 누르는 과정)한 장인이 누구인가에 따라 맛이 달라진다.

이런 구분에 따르면 와인 산지가 수백 군데 수천 군데가 될 수 있지만 차도 마찬가지다. 누가 만드느냐에 따라 다르고, 빈 티지도 다 다르기 때문에 이 안에 무궁한 우주가 있다. 공부하기가 어려운 것이다. 공부할 것이 한두 가지가 아니다. 특히 차는 차도구(茶道具), 즉 찻잔과 찻사발, 그리고 차호(茶壺)를 주 내용으로 하는 도자기의 세계도 공부해야 하기 때문에 와인보다 훨씬 더 방대한 우주가 기다리고 있다.

조선 시대의 정신음료

조선의 전통에서 차는 먹물계층의 기호품이면서 정신음료(精神飮料)였다. 무식자 계층보다는 식(識)이 많이 들어간 먹물계층에서 유난히 차에 대한 찬미가 많았다. 고려시대는 한국차의 전성기였는데, 불교 승려들이 차를 즐겼다. 화두에 집중하는 간화선풍(看話禪風)과 차는 궁합이 맞았던 이유도 있다. 화두에 집중하면 졸음과 상기증이 올 수 있는데, 이 두 가지를 예방하는 데에 차가 효과적이었다.

불교에서 유교로 바뀐 조선시대에도 차는 명맥이 끊어지지 않고 유지되어 오기는 했다. 소수의 인텔리 계층에 의해서 그 기록들이 남아 있다. 조선 후기 다산과 초의 같은 인물들이 그

대표적인 사례이다. 근래에 머물이면서 차밭까지 가지고 있는 인물이 전남 곡성에 있다. 최성민(崔星民 · 70) 선생이다. 50세 무렵에 서울 생활을 접고 시골로 내려왔다. 서울대를 나와서 성균관대에서 동양철학으로 박사까지 받았다. 박사 논문은 '한국 수양다도의 모색'. '수양다도'는 그의 차철학(茶哲學)의 핵심이다. 차는 동양철학에서 말하는 수양과 직결되어 있다는 취지이다.

그는 유가, 불가, 도가의 철학을 두루 공부했다. 말하자면 차를 단순한 기호품이 아니라 동양사상에 바탕을 둔 수양이라는 도의 경지까지 끌어올리는 이론적 토대를 마련했다고나 할까. 거기에다 글도 잘 쓴다. 글 잘 쓰는 것도 큰 무기이다. 한겨레신문 창간 발기인도 했고, 논설위원도 지냈다. 문화부 기자를 할 때는 전국의 문화유적지를 탐방하고 다니면서 한국 토종문

화에 대한 심도 있는 기사를 쓰기도 했다. 이 현장답사의 경험이 큰 밑천이 된 것 같다. 그러나 성질이 괴팍하다. 상대방의 잘못을 지적하는 데에 머뭇거림이 없다. 봐주는 것은 없다. 바로 찔러 버린다. 차계(茶界)에서는 저승사자와 같은 인물이다. 그래서 차인들은 같이 놀려고 하지 않는다. 언제 그의 송곳에 찔릴지 모르기 때문이다.

이런 성정 때문에 차계에서 왕따 상태에 있다고 해도 과언이 아니다. '율곡필하무완인(栗谷筆下無完人)'이라는 말이 있는데 비판을 잘했던 율곡의 붓끝에서 온전한 사람이 없었듯이 차계에서 성민의 비판에 그슬리지 않은 사람이 없다(星民筆下無完人). 그래도 한국 전통차 복원에 대한 집념을 놓지 않고 있다.

수양다도를 모색하는 차 명인

그가 가지고 있는 차밭은 약 4만 평(약 13만2,000㎡)에 이르는 '산절로 야생다원(野生茶園)'이다. 전남 곡성군 고달면과 오곡면에 걸쳐 있다. 양쪽 차밭의 중간을 섬진강이 흐른다. 섬진강 왼쪽에는 고달면의 2만평이 있고, 오른쪽에는 오곡면의 2만평이 있다. 야생다원이라는 것은 비료·농약을 안 쓴다는 뜻이다. "정말로 안 쓰냐?"고 물었더니 "안 쓴다"면서 이렇게 얘기한다.

"그래서 차 농사는 신선농사(神仙農事)라고 한다. 밭 갈고 김을 맬 필요도 없다. 그대로 두면 된다. 베트남, 중국, 일본에도 여기같이 비료·농약을 안 쓰고 자연 그대로 방치하는 야생다원은 없는 것으로 알고 있다."

이런 문답도 나눴다.

"차밭 앞으로 섬진강 물소리가 들린다. 강 바닥에 박힌 돌밭 사이를 섬진강물이 흘러가면서 부딪치는 여울물 소리가 정겹다. 이 물소리가 먹고산다고 쌓인 긴장을 풀어 주는 것 같다. 살아보니 어떤가?"

"물소리는 긴장을 풀어주는 효과가 확실하게 있다. 여기에서 살다 보니까 사회생활하면서 쌓인 사회독(社會毒)과 상처를 치료하는 데 도움이 된 것 같다. 지인들로부터 과거보다 내 얼굴이 편해졌다는 이야기를 많이 듣는다. 아마도 이 섬진강에 흐르는 강물 소리와 안개가 나를 치유한 것 같다."

"안개는 차의 성장에 도움이 되나?"

"물론이다. 차는 안개가 영양분이다. 적당한 습기가 도움이

된다. 그리고 약간 그늘이 져야 한다. 안개가 끼면 직접적인 햇볕을 가려준다. 차나무의 발육에는 반음반양(半陰半陽)이 좋다고 한다. 정확하게 이야기하면 음이 양보다 더 많은 환경이 좋다. 음이 양보다 6 대 4 내지는 7 대 3으로 더 많은 게 유리하다. 안개는 햇볕을 가려주면서도 습기를 제공하기 때문에 안개가 많은 곳에서 명차가 생산된다. 이런 입지조건을 일부러 선택해서 내가 20여년 전부터 여기에다 차씨를 뿌리고 차밭을 조성해 차나무를 기른 것이다."

"차가 지닌 최대의 매력은 무엇이라고 생각하는가?"

"다신(茶神)이다. 차가 지닌 신묘함이 있다. 이걸 원색적으로 표현한다면 신기(神氣)라고나 할까. 사람을 매료시키는 신묘함이다. 사람을 매료시켜서 사람을 거듭나게 만든다. 마음을 평안하게 만들고, 각성시키는 효과도 있고, 한 단계 더 높은 고양된 정신상태에 이르게 한다."

차가 뿜어내는 청엽알코올의 힘

최성민에 의하면 사람 허리쯤 되는 높이에 녹색잎으로 우거져 있는 차밭에 들어서면 차가 지닌 그 어떤 신묘함이 다가온다고 한다. 찻잎에서 나오는 향기가 녹향이다. 피톤치드 가운데 최상급이 찻잎에서 나온다는 것이다. 바로 청엽알코올이라고

하는 향이다. 그 청량함은 이루 말할 수 없다. 아침 안개가 끼었을 때 느끼는 느낌이 있고, 저녁 석양이 질 때의 느낌이 다르다. 밤에 달이 떴을 때 차밭에 가 보면 또 다른 느낌이 있다. 그 느낌이 인간의 긴장을 이완시켜주고 인간 본연의 차분한 심성, 즉 샬롬(평화·평안)을 가져다준다.

봄가을에도 좋다. 봄에 파란 싹이 올라올 때 찻잎을 바라보고 있노라면 생명에 대한 한없는 경외감이 생긴다. 파란색은 생명의 색깔이기 때문이다. 겨울에도 차밭은 푸르다. 눈 속에서 찻잎의 파란색을 보면 차의 강인함과 싱싱함을 연상하게 된다. 이런 느낌 속에 자주 있다 보면 물아일체(物我一體)의 사상을 이해하게 된다고. 동양 식자층의 염원이 대자연과 일체가 되는 물아일체였다. 유한한 인생의 슬픔을 극복하게 해 주는 치료제가 물아일체였다. 어떻게 대자연과 일체감을 얻을 수 있는가? 이것이 곧 구원이기도 하였다.

차가 지닌 이러한 수양적 측면, 즉 정신적 측면을 파고들어 가면 과학적 성분분석에 눈이 간다. 바로 카테킨, 테아닌, 카페인이라고 하는 3대 성분이다. 카테킨은 항산화작용을 한다. 활성산소를 없애 주는 작용이다. 노화 방지도 된다. 테아닌은 마음을 차분하게 안정시켜 주는 작용을 한다. 카페인은 각성시켜 준다. 사물을 명료하게 인식하게 해주는 작용이다. 동양사상에서 말하는 적적성성(寂寂惺惺)의 경지가 있다. 마음이 아주 차분하게 가라앉아 고요하면서도 동시에 사물의 이치가 분명하게 들어오는 상태를 가리킨다. 차가 지닌 3대 성분이 복합작용을 하면 '적적성성'의 상태로 쉽게 들어갈 수 있다.

한국 녹차는 이 3대 성분 가운데 테아닌의 성분이 특히 우수하다고 한다. 세계 어디에 내놓아도 뒤지지 않는 약성을 지니고 있는 것이 한국 녹차라는 게 최성민의 주장이다. 인삼도 고려인삼이 최고였듯이 녹차도 한국 녹차가 광물질 성분이 많이 녹아 있는 한국 토양에서 자라기 때문에 약성도 뛰어나다는 것이다.

과학적 성분 분석이 아닌 일반적인 느낌 수준에서 차를 평가하는 기준이 있다. 바로 색(色), 향(香), 미(味)다. 물을 너무 뜨겁게 끓여도 색향미가 사라질 수 있고, 끓여 나온 차를 너무 늦게 마셔도 역시 사라질 수 있다.

'산절로 야생다원'의 차는 팔지 않는다. 비상업적이다. 야생 차밭 4만평에서 무료 제다체험 행사를 체험객들에게 개방한다. 체험객들이 스스로 차를 만들도록 한다. 한국 전통차의 우수성을 홍보하기 위하여 돈을 받지 않고 주변에 선물한다. "뭘 먹고 사나?" "올해에는 문화재청에서 지원을 받았다. 무료 전통 제다·수양다도 체험 프로그램 '차산(茶山)의 다정(茶庭) 다담(茶感)'이 그것이다. 이걸로 연명하고 있다. 굶어 죽지는 않는다."

한국에 이런 기인들이 있어서 차맥이 끊어지지 않는 모양이다.